学习科学与教学设计应用译丛　盛群力　屠莉娅　主编

CORWIN
corwin.com | A Sage Company

HOW SCAFFOLDING WORKS:

A playbook for Supporting and Releasing Responsibility to Students

扶放有度学习

——支持和培育学生的学习主体责任

[美] 南希 · 弗雷　道格拉斯 · 费希尔　约翰 · 阿尔马罗德　著
Nancy Frey　Douglas Fisher　John Almarode
邢天骄　盛群力　译

中国科学技术出版社
· 北　京 ·

图书在版编目（CIP）数据

扶放有度学习：支持和培育学生的学习主体责任 /（美）南希·弗雷，（美）道格拉斯·费希尔，（美）约翰·阿尔马罗德著；邢天骄，盛群力译 . -- 北京：中国科学技术出版社，2025. 8. --（学习科学与教学设计应用译丛 / 盛群力，屠莉娅主编）. -- ISBN 978-7-5236-1523-2

Ⅰ. G42

中国国家版本馆 CIP 数据核字第 20253A3X50 号

著作权合同登记号： 01-2024-2949

原书名：HOW SCAFFOLDING WORKS：A playbook for Supporting and Releasing Responsibility to Students

策划编辑	王晓义
责任编辑	杨　洋
封面设计	郑子玥
正文设计	中文天地
责任校对	邓雪梅
责任印制	徐　飞

出　　版	中国科学技术出版社
发　　行	中国科学技术出版社有限公司
地　　址	北京市海淀区中关村南大街 16 号
邮　　编	100081
发行电话	010-62173865
传　　真	010-62173081
网　　址	http://www.cspbooks.com.cn

开　　本	787mm × 1092mm　1/16
字　　数	173 千字
印　　张	9.75
版　　次	2025 年 8 月第 1 版
印　　次	2025 年 8 月第 1 次印刷
印　　刷	北京荣泰印刷有限公司
书　　号	ISBN 978-7-5236-1523-2
定　　价	69.00 元

（凡购买本社图书，如有缺页、倒页、脱页者，本社销售中心负责调换）

目　录
CONTENTS

导　论

1932 年 9 月，美国大萧条肆虐之际，一名摄影师捕捉到了这样一个画面：11 名钢铁工人正共用午餐，享受着他们的食物和香烟（图 0.1）。

图 0.1　11 名工人坐在 RCA 大厦的钢梁上享用午餐

图 0.1 这张照片已被誉为美国最具标志性和辨识度的照片之一（《100 张照片：史上最具影响力的影像》,《时代》杂志，2016 年）。可能你已经看过这张照片，并对照片中的场景深感震撼：这些工人在没有任何安全设施的保护下，悬坐在曼哈顿 70 层楼［今洛克菲勒中心（RCA 大厦）］的高空之上。他们每天都在努力工作，只为建造一座高达 259 米的摩天大楼，而这一切都离不开支架系统的帮助。每个支架系统都由 3 个主要部分组成：立杆、大横杆和小横杆（图 0.2）。

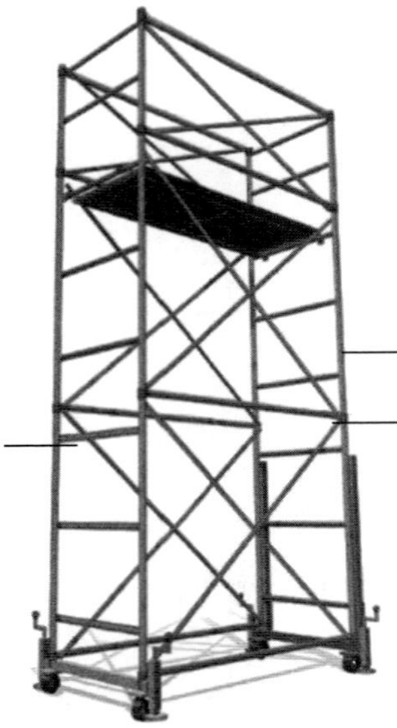

图 0.2 支架系统的主要部分

来源：Graphic courtesy of iStock 网站。

那么这些和这本关于支架学习的书有什么关系呢？为了解答这个疑问，让我们首先聚焦于“支架”的定义。究竟何为“支架”呢？支架是一种临时性、动态的支撑系统或结构，它为人们在完成当前任务时提供必要的帮助。需要特别注意的是，支架和具体任务存在着本质的关联：

（1）只有当手头的任务没有支撑系统就无法完成时，才使用支架。

（2）支架没有固定模式，需要根据任务过程中的具体需求做出灵活调整。

（3）支架是临时的而非永久的，当不再需要支撑时就应该移除。

> 请你花点时间将第（3）点中“临时的”这个词用圈出、画出或突出显示的方式进行标注，因为你很快就会再用到它。

这本书探讨的是我们在学校和课堂中所使用的支架学习方式。只不过我们不是去建造摩天大楼，而是培养能自我调节、自主掌握学习主动权的学习者。我们不用“立杆”“小横杆”或者“大横杆”，而是采用策略、干预和其他多种教学方法作为支架。在我们开始探索支架学习的运作方式前，请花一点时间思考支架学习与具体任务之间的 3 种关系。

支架学习与具体任务的关系	这让我想到了自己在学校或教室中见到的哪些情景
只有当手头的任务没有支撑系统就无法完成时，才使用支架	
支架没有固定模式，需要根据任务过程中的具体需求做出灵活调整	
支架是临时的而非永久的，当不再需要支撑时就应该移除	

无论是摩天大楼的建造过程还是学校课堂的教学活动，支架的搭建都为顺利完成这些任务发挥了关键作用。但实际上，搭建一个稳固的支架远不止简单地组合“立杆”“小横杆”或者“大横杆”。在支架的搭建、调整和移除过程中，都需要思考以下问题。请在下方列出你对支架学习的疑问，在你自己的教学和学习中遇到过哪些问题？

- 我应在何时搭建支架？
- 我需要搭建多少支架？
- 我应如何判断调整支架的时间和位置？
- 我应在何时移除支架？
-
-
-
-
-
-

我们提供的问题，加上你补充到列表中的问题，将作为本书的学习目标。随着学习的深入，你将会不时地被提示回顾这份列表，检查自己在解答这些问题上的进展。

在本书的各章中，我们将分享从小学、中学到高中阶段的不同实践案例。这些案例涵盖了课程内容、关键技能、实践方法、学习态度及认知理解。支架学习应当成为每一所学校、每一个教室中教学与学习不可或缺的一部分。这需要我们与教学伙伴协作，共同生成、收集并理解有关学生学习的证据，这些证据将助力我们回答上述问题。

携手合作搭建支架

每个模块都为你提供了掌握支架学习运作方式的机会，便于你在不同年级和学科领域中体验“搭建、调整与拆除”支架的实践过程，并将所学应用到你自己所在的学校和课堂活动之中。

我们鼓励你通过圈出重点、高亮标记、画波浪线、记笔记，甚至使用便签标记等方式更加投入地参与学习。最关键的是，我们希望你能与你的同事共同探讨和合作。虽然将本书作为个人学习的资料完全可行，但与同事一起讨论支架学习，共同探索如何利用支架学习加速学习的过程，结果往往会更加富有成效。为此，我们提供 3 条与同事合作的建议：

（1）与一位责任伙伴共同学习。

（2）与教学指导老师合作。

（3）与常规教研或专业学习社群 PLC+ 中的团队成员合作［参见费雪（Fisher）等人 2020 年的著作］。

首先，我们来谈谈责任伙伴。在常规教研或 PLC+ 中使用这本书也许并不现实。你可能更愿意跟在同一栋教学楼的同事，或在同一栋楼不同区域的教师，再或是其他学校的教师合作。你和这位同事可以一起学习各模块内容，参与其中的任务，然后将想法付诸各自的课堂实践中，并反馈这些方法对学生学习进步的影响效果。在支架学习效率和学生学习成效方面，你们两个将成为一对责任伙伴。

其次，你可以选择与教学指导老师合作来共同学习这本书。教学指导老师能从外部视角审视我们课堂上的教学与学习情况，并适时给予我们恰当的反馈。实际上，通过为教学辅导周期搭建支架，与教学指导老师合作，有利于提升我们的教学实践能力。

毕竟，在我们的教育生涯中，都曾出现过需要依赖支架学习来提升自己教学水平的情景。与教学指导老师共同探索，深入讨论如何为学生提供更有力的支持，设计并实施针对性的支架策略，然后一起评估这些做法对学生学习的实际效果，这样的过程对于我们来说是无价之宝。

最后，这本书可以在你的 PLC+ 中支持你与其他团队成员的深度合作与交流［费雪（Fisher）等人，2020］。这本书为你在 PLC+ 的实践活动带来了一个工具（表 1）。通过遵循 PLC+ 的 5 个关键问题，我们能够始终将注意力集中在学生的学习上：

（1）我们将要去哪里？

（2）我们现在在哪里？

（3）我们如何推进学习进展？

（4）我们今天学到了什么？

（5）谁从中受益了？谁又没有受益？［费雪（Fisher）等人，2020，第 8 页］

在 PLC+ 中，教师会明确学习意图并讨论教学方法。他们聚集在一起，检查学生的作业，以确定自己的努力是否产生了预期的回报。他们还会对那些可能需要提供额外指导或支持的学生进行讨论。这些任务最好在学习社群的共同工作中一起完成。

表 1　这本书会如何助力 PLC+ 的实践活动

PLC+ 问题	对应章节
我们将要去哪里？	第五章专注于目标的设定，并强调了明确方向的重要性。此外，第四章深入研究了专家的心智模式，该模式的意义比我们为学生设定的课程目标还要重要
我们现在在哪里？	第七章专注于前端支架学习以及我们如何根据学生已有的知识进行规划。此外，第三章根据我们对学生的了解以及他们对现有知识的理解程度，提供了一个支架学习的模式
我们如何推进学习进展？	有若干章节致力于推进学习的深化，其中第六章探讨了刻意练习，第七至第十章则都涉及支架学习
我们今天学到了什么？	对我们今天所学的内容有一个清晰的理解（不论是教师还是学生），需要注意学生的言行并围绕他们的学习与他们沟通。同时，第七至第十章为我们提供了关于学生学习成果的实证，而第十一章则侧重于根据学生的学习成果逐步减少支架学习
谁从中受益了？谁又没有受益？	尽管这本书的每一章都涉及这个具体的问题，但核心关注点是观察哪些学生正在给出、接受并运用反馈。这在第十章中关于同伴支架学习的部分尤其关键。我们需要留心学生与所提供的支架之间的互动方式，及时了解谁从中受益了而谁没有

无论你是有一个责任伙伴，或是有机会与教学指导老师一起，还是拥有一个高效的、高影响力的 PLC+，合作的益处在于能够深入地探讨支架学习对你和学生的实际意义。事实上，正是这场对话开始时所引用的照片强调了合作方式的必要性。那张 11 位钢铁工人的照片背后还有更多故事。没错，这张照片是摆拍的。摄影师并没有自然捕捉到这 11 位钢铁工人悬坐在建筑物第 69 层享用午餐和香烟的情景。

相反，他们是被安排了不同的姿势，以便为这座建筑拍摄宣传照片。而坚实的 RCA 大厦就在他们的正下方，只是在相机视角之外（Contrera，2019）。是的，再次强调，这是摆拍的。在将本书运用到工作内容中时，我们需要警惕的一个挑战就是过度支架化。与这张照片的摄影师不同，我们需要确保教学支架不会剥夺有益于学生的挑战，不会因为缺乏针对性而无法满足学习者的需求，同时也不会变成一个永久固定不变的辅助工具。如果发生了这种情况，即便作为教师的我们可能也不会意识到学生出现了自满情绪，进而减缓其学习进度。相反，我们唯一的关注点应该是确保一切都在我们的视野之内，这样才能加速学生的学习进程。

让我们一起揭秘支架学习的运作方式吧。

第一章
支架学习基础

学习目标	成功标准
我们将会学习支架学习的基础知识，从而更好地理解支架学习是如何加速学生学习的	当我们做到以下要素时，我们就成功了。 1. 能够定义支架学习 2. 能够辨别支架学习的基本要素 3. 能够在日常生活中的一项普通任务中应用支架学习方法 4. 能够阐述支架学习中的相互作用关系

请用自己的话为学校或课堂中所使用的“支架学习”下定义。以下的问题可以帮助你思考。

（1）支架学习意味着什么？
（2）为什么我们想要或为什么需要支架学习？
（3）你认为支架学习在什么情况下是合适的？什么情况下是不合适的？
（4）谁需要支架学习？
（5）你如何针对学习进行支架学习？

请保留这些问题的答案。它们将在本章及后续章节中对我们有所帮助。

教学支架（instructional scaffolding）自 1976 年沃德（Wood）、布鲁纳（Bruner）和罗斯（Ross）提出这一概念以来，就一直是教学实践的一部分。然而，支架的理念远比这古老得多。自从学徒制学习模式诞生以来，我们就一直在为学生“搭建支架”，以此来为他们提供良好的学习体验。

学徒模式是由教师用来支持学习者完成特定任务的一种方法。教师示范某项特殊技能，学生在教师旁边学习并训练提升熟练程度。从低阶的任务开始，学生通过模仿教师并从反思中学习。这被称作模仿尝试。随着时间的推移，学生开始参与高阶任务，而教师则逐渐淡出。最后，学生能够独立完成任务，仅在遇到困难时寻求教师的指导。这就形成了自主学习，学生也可以在其他情景中应用所学。

请花点时间想想你在课堂上具体应用学徒模式教学的例子：

（1）示范：____

____

（2）模仿尝试：____________________________________

____

（3）逐渐淡出：____________________________________

____

（4）自主学习：____________________________________

____

（5）归纳 / 应用：__________________________________

____

教育者并不仅仅是给学生传递信息。换句话说，在“支架学习”这个术语出现之前，我们已经在使用这种教学方法了。当然，自“支架学习”这一概念首次提出以来，我们对其有了更深入的认识。

支架学习之所以引发我们的共鸣，是因为我们每天都能观察到学生的多样性。无论是数学运算、语言语法，还是自然地理、光合作用，抑或是绘画艺术、音乐演奏，每一位学生在各自的学习进程中都处于不同的阶段。因此，以一种能够让他们拥有成就感的方式支持他们，这是我们一直以来在课堂上所向往并积极追求的。然而，我们对“支架”一词最普遍的认知往往与建筑工地或建筑物相关联。

下面，请花点时间翻回“导论”部分。有一个词，要求你标注出来，将它填入下面这句话空白的地方吧。

“建筑支架是一个__________结构，它在建设、维护和装修过程中为工人和材料提供支撑。本质上，支架延展了工人的工作面，为他们提供了到达那些原本难以到达之处的通道。”

你刚刚填上去的这个词——临时的，对于理解这本书的内容至关重要。任何支架的目的都是提供一个最终会被移除的临时结构。另外，我们也需要知道，我们不会为了让支架看起来更加美观而花费大量资金。立杆、大横杆和小横杆都没有包装或者修饰。但是，为了确保工人的安全，这些支架的状态都是被严格监控的。

任何支架的目的都是提供一个临时的结构，而这个结构在后续会被移除。

你是否已经知晓这本书的研究方向了？让我们现在梳理并写下到目前为止的所思所想。利用下方的维恩图，对比施工中的支架和教学中的支架有何异同。这只是初步思考，随后我们还可以进一步完善它。

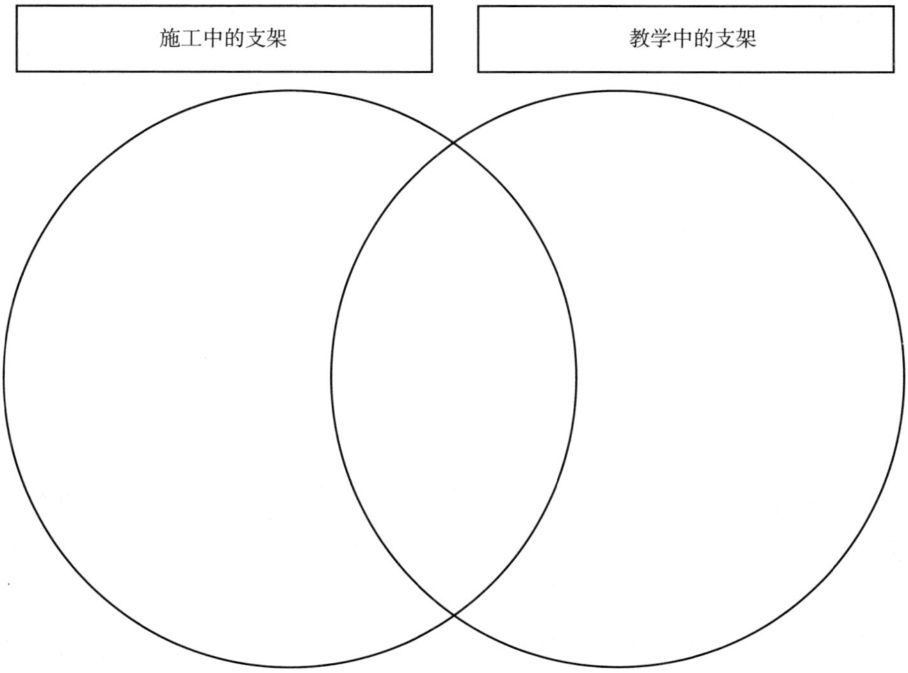

现在让我们想一个大家都很熟悉的情形：教孩子骑自行车。回想一下你是怎么教孩子骑车或者你看到其他人是怎么教孩子骑车的。把这个过程中的行动列在下方空白处。

教孩子骑自行车的具体过程：

（1）
（2）
（3）
（4）
（5）
（6）
（7）

我们也让同事和朋友回忆了这一过程，这是他们的回复。

（1）用一辆小尺寸的自行车。
（2）装上辅助轮。
（3）穿戴好防护装备（如头盔、护具）。
（4）扶住自行车座并跟着孩子跑。
（5）鼓励孩子。

你的列表可能还有其他内容，让我们分析一下这个列表。注意，列表中有关于“合适的”适应能力的行为。用一辆小一点的自行车去适应孩子。你列出的行动中有没有适合孩子的经验的内容？如果有，请用“R”标记它们。这些过程中也包括了一些临时的辅助设施，比如辅助轮或去掉脚踏让孩子的脚能够得到地面。在你的清单上用“T”标记这些临时的辅助措施。我们的列表中还有确保让孩子感到安全（实际上也是确保安全）的措施。例如，在孩子掌握基本技能时，成人会处理其他比较棘手的部分。在你的清单上用“S”标记这些安全措施。最后，我们还会鼓励并表扬孩子学习和表现的进步。在你的清单上用“F”标记与提供反馈相关的内容。你可能还记得你第一次放手的时候。孩子转头看向你，比较生疏地左右转动车把，然后突然摔倒了。在确认孩子没有受伤后，你做了什么？你鼓励孩子重新骑上自行车并再试一次。

这些过程都是教某人骑自行车时涉及的相互作用关系的一部分。这种相互作用关系由马利克（Malik）以图 1.1 的形式描绘出来。

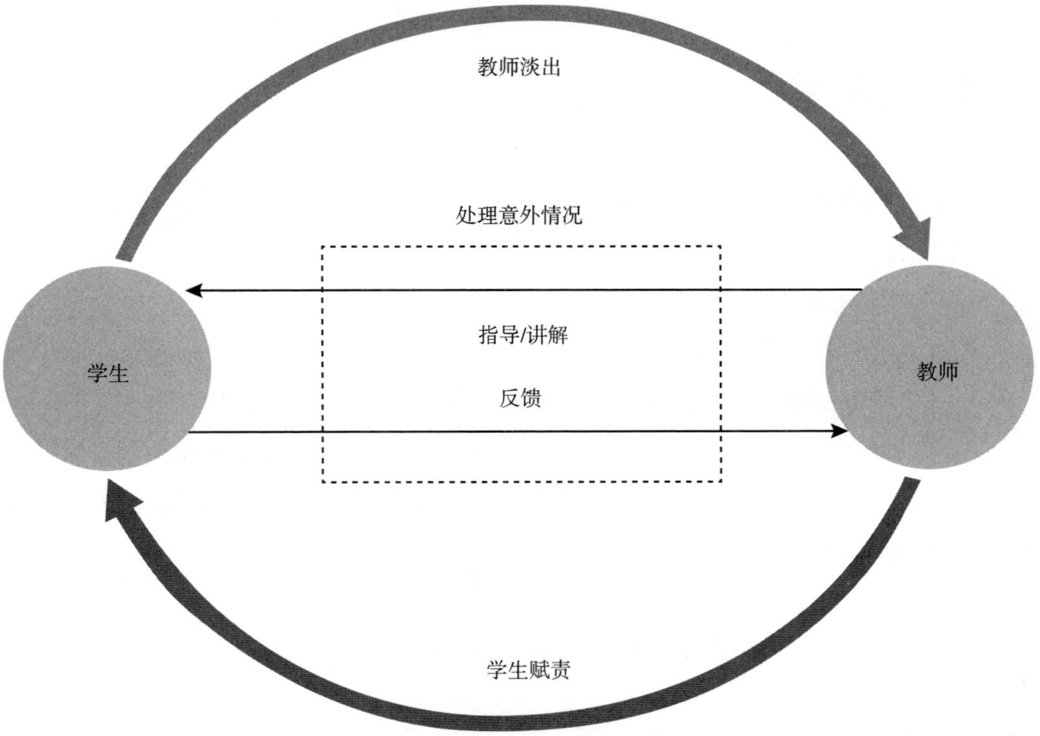

图 1.1　支架学习中的相互作用关系

仔细看图中马利克设计的双梯度模型图像。请在方框内简述你从中观察到的内容以及你认为这个模式在支架学习方面想要传达的信息。你甚至可能想在“导论”部分的疑问或思考列表中补充一些内容。

现在，让我们开始把这些联系在一起：这种相互关系是支架学习的基础。

支架学习的基础

教孩子骑自行车的例子中提到的重点也适用于任何需要支架学习的场景，包括：

（1）调整任务，使难度适中。

（2）确保学习环境安全。

（3）帮助学生处理较棘手的任务。

（4）当学生遇到挫折时提供鼓励。

如果你曾有幸教孩子如何骑自行车，希望你现在已经不需要跟在他们身后扶着车座跑，并不断给予鼓励了。最终，随着孩子技能的不断提升，你对他们的直接支持会逐渐减少。

支架学习成功的关键取决于强度、频率和持续时间。

辅导同伴

与同伴一起讨论对于单个学习者或一群学习者来说是具有挑战性的任务。在下面表格的最上方横线上写下这个任务，然后针对以下的问题进行讨论，以深入了解我们是如何尝试搭建支架来支持学习的。

任务：________________________________

问题描述	讨论结果
你是如何确保学习是有安全感的？	
你如何帮助学生处理棘手的任务？	
在学生遇到挫折时，你是如何鼓励他们的？	

续表

问题描述	讨论结果
你是如何减少对他们的支持的？	

关于教学支架的证据是强有力的。已有 4 项关于支架学习的元分析研究，其综合效应量为 0.58，这是一个高于平均水平的影响效果，理应能加速学习进程。当然，与其他许多因素一样，支架的效果取决于其使用的强度、频率和持续时间。在有经验的教育者手中，支架学习是一种强有力的深化学习的方法。

总结

支架学习是确保学生学习的重要策略。它包含几个基本要点，其中一个重要理念是：支架具有临时性，并且随着学生能力的提升而逐渐减少。

在开始新的章节之前，以下是到目前为止我们已经学习过的一些概念。

- 支架学习
- 临时的
- 淡出
- 适度

回顾“导论”部分和第一章，在下面写出其他涉及的重要概念。

-
-
-
-
-

请利用以上列出的概念，使用这些概念来总结你的学习成果，写在方框内。

确保不仅要列举这些概念，更要强调它们之间的联系，而不是简单重复定义（有目的地练习，而非无脑练习）。

然而，我们忽视了支架学习中的一个环节：支架学习要求学习者参与刻意练习。我们所关注的重点将放在练习的重要性上。但在这之前，让我们在下一章回溯支架学习的历史脉络，了解支架学习的起源及对它的研究，这将有利于我们了解支架学习在学校和课堂中发挥的作用。

支架学习需要学习者的刻意练习。

自我评估

在进一步学习之前，请思考一下本模块的成功要素。你会发现，这些要素已从“我们能够”的陈述句转变为“我能吗”的疑问句。对支架学习的理解你有多少信心呢？请用涂色的方式做自我评估，涂满的方格越多表示越有信心。同时，你需要写出做出自我评估的依据。

成功要素	自我评估	依据
我能定义什么是支架学习吗?	□□□□□□□□□□	
我能明确支架学习的核心要素吗?	□□□□□□□□□□	
我能在实际任务中运用支架学习吗?	□□□□□□□□□□	
我能阐述支架学习中的相互作用关系吗?	□□□□□□□□□□	

第二章
支架学习的缘起

学习目标	成功要素
我们将会研究支架学习的理论知识，以便我们能够更有效地处理课堂上关于支架学习的问题	当我们达到以下要素时，我们就成功了。 1. 能够阐述为什么支架学习有助于学习 2. 能够解读关于支架学习的各个方面 3. 能够列举出进行支架学习时可能存在的疑虑、挑战或困难 4. 能够阐述支架学习与学习参与度之间的关联度

支架学习的思想从何而来？在这种教学方法中，有哪些关键因素值得我们关注？以下的问题可以帮助你思考：

（1）要使支架学习发挥作用需要哪些条件？

（2）我们如何确保学生在学习过程中持续保持积极的态度？支架学习在其中又起到什么作用？

迄今为止，我们已经运用了一些非学术例子来帮助我们更好地了解“支架”的概念。但在我们的学习过程中同样会涉及学术内容，这些内容涵盖了学生为了在将来获得成功所需学习的各种技能、概念和理解。沃德等人在1976年将“支架”描述为：“一种帮助孩子或初学者完成一个他们无法独立完成的任务或者目标的过程”。现在，美国地震学联合研究会（IRIS）将学术中的支架学习定义为：“教学支架”是教师为了提升学习效果，帮助学生完成任务而提供的额外支持。在学生掌握新技能时，教师根据学生的学习体验和知识创建系统的支持，就像建筑工地的脚手架。这种支持具有临时性和可调节性，随着学生掌握更多的技能，这些支持会逐渐减少（IRIS，n.d.）。

请你花点时间圈出、画出或突出显示这一定义中的关键字或词组。然后，请描述这个定义与“导论”中早先提供的定义之间的相似性和差异性。

支架学习听起来简单，但任何曾试过为他人提供学习支架支持的人都会知道，这其实并不容易。沃德（Wood，1998）曾经指出：“密切关注孩子的行为，记住孩子在相应活动中的言行举止，并根据他们的水平及时提供支持，这是一项很费脑力的活儿。高效的教学与推动式学习一样，充满了挑战性。”这也是为什么我们决定进一步探讨这一主题的原因。“支架”或“支架学习”的概念，最早由沃德等人在 1976 年提出。在本章前半部分我们会详细回顾这项开创性的研究；而在后半部分，我们会探索关于支架学习令人关心的问题和最新的研究进展。

但在此之前，我们需要先回到前面，看看我们之前进行的讨论和回复。

请你花点时间回顾第一章的开头部分。当时你被问到在你的学校或课堂中“支架学习意味着什么”，现在请根据 IRIS 中心提供的定义，花一些时间修改或完善你之前的答案。基于新信息，你现在能为最初的回答增添哪些内容？是否需要更改某些内容以使你的早期回答更加精准和全面？

进行支架学习的前提条件

在针对幼儿的研究中，沃德等人发现，学生要想从支架学习中获益，就必须满足一个至关重要的条件。这个条件是学生要认识到，对于他们遇到的问题或情景，存在一个可行的解决方案。这听起来似乎强调的是浅层学习，但我们必须予以重视。是的，教师不仅在学习过程初期为学生掌握概念和技能提供支架支持，还可以进一步引导他们进行深度学习。沃德等人强调，学习者必须能在独立解决问题之前，找到这一类问题的解决方法。值得注意的是，这里所讨论的是面对某类问题的解决方法，而不是某个具体问题的答案。换言之，支架学习的核心不仅是帮助学生找到某个特定问题的答案，更是引导他们学习如何面对和思考某一类问题的挑战。

这是至关重要的，因为支架学习的目标不仅仅在于引导他们找到正确答案，或仅仅避免学生犯错误。我们都曾从错误的回答、错误的思考和我们曾犯的错误中收获知识。然而，支架学习应该培养学生的思维模式并能够迁移，或者是对于某一类特定情况的知识及技能加以应用。

刻意练习是基于对所学技能的深入了解。也就是说，学习者能否预测技能掌握后的效果。

请列出你期望学生形成的思维方式，以供后续章节学习参考。

-
-
-
-

但首先，学生应该认识到他们面前的难题总有解决之道。这些难题可能是词汇解读、观点阐述、基础算术、深入统计，或者更为主观的如艺术创作或演讲。只要学生相信有答案或方法，无论答案有多少种，支架学习都能帮到他们。

而在下一章，我们会看到，刻意练习其实是基于对某种专业技能的深入理解。那么，当一个人全身心投入这种实践时，能否预期到完全掌握该技能后的境界呢?

回想你为学生设计过的一个学习任务，确保它与第一章有所不同。列出为了完成这一任务，学生需要了解哪些内容、概念和技能。

-
-
-
-

这个列表将帮助我们构建一个专业知识的心理模型。在这种情况下，必须确保投入一定的时间和精力来对任务进行拆解，识别其在概念、技能和理解层面上所需的东西，以便我们能清晰地为学习者提供一个心理模型，这有利于我们在课堂上实施支架学习。

用你自己的话描述在课堂中顺利实施支架学习需要满足的先决条件。

接下来，我们将探讨支架学习的关键策略。

支架学习的六大策略

依据研究成果，沃德及其团队总结出了支架学习的六大策略。其中，第一个策略可能在学习初期就能显现出来，而其余的则呈现出循环递进的特点。下面，我们会深入探讨这六大策略，并通过一个课堂实践来进行解析。

1. 激发兴趣。

支架学习的第一个任务是激发学生对任务的兴趣。教师必须确保学生看到活动或作业的相关性，并理解任务的要求。当学生不关心他们应该学什么，或者他们不知道任务的要求时，提供支架支持就会变得异常困难。

2. 简化任务。

这要求教师通过减少解决方案的步骤来简化任务。当教师进行了任务分析后，学生会理解各个步骤和过程，进而减少选择项，使学生能够集中精力在成功所需的步骤上。

3. 把握方向。

学习通常不是一个线性的过程，反而更像是在航行，在航行过程中，你颠簸着到达了目的地。没有帮助和指导，学生可能会走向错误的方向，失去兴趣，甚至放弃。因此，支架学习的其中一个作用是“让他们追求一个特定的目标”（Wood et al.）。

4. 突出重点。

作为提供支持的一部分，支架学习会强调任务的某些特征。这包括做好重要内容的笔记，以便学习者多试多练，以及注意学习者所做的事情和正确的反应之间的差异。

5. 化解挫折。

正如沃德等人所指出的，“在教师的指导下，解决问题的过程会更为流畅”。因此，教师在支架学习中，不仅要提供技巧和方法，还要在学生遇到困难时提供鼓励和支持，同时注意不能让学生对教师的帮助产生依赖。

6. 行为示范。

实际示范、出声思考和提供其他类型的输入方式，让学生有机会模仿他人的行为，这可能会解决在完成任务的过程中遇到的临时障碍。

请花点时间，再次思考支架学习的六大策略。

你能将其清晰地解释给同事吗？

你是否可以通过实例来更好地阐述每一种策略？

可以找位同事聊聊，听听他们的看法，然后优化你的讲解和例子。这正是所谓的刻意练习。

现在，我们来看一个实际的课堂案例。希望你能深入分析这个例子，请标出你认为关键的信息或细节。

课堂开始时，金·陈－帕蒂诺（Kim Chan–Patino）老师让学生完成了几道小题，以帮助她评估学生的学习需求。当学生们陆续进入学习状态后，陈－帕蒂诺老师说："今天，我们要学习将分配律应用到等式的两边。请记住，我们追求的不仅仅是速度，更重要的是学会深入思考这些问题。掌握这些方程的解法，未来能帮助我们做出准确的判断和决策。"

在让学生自己尝试之前，她走到一个写着方程 $14(x+1)=28x$ 的白板前。她解释说："这个方程只需要我们在一侧应用分配律。我要确保把 14 同时分配给 x 和 1。"说完，她在白板上画了两个箭头从 14 指向 x 和 1，并说："现在我们就能解出 x 了。"然后她继续说："现在，我给你们出一道题：$2(x+12)=4(x+4)$。"

陈－帕蒂诺老师首先走到索菲亚（Sofia）面前轻声问："你打算怎么做？"索菲亚信心满满地告诉老师她要先对 2 进行分配。

然后，她来到了卡洛斯（Carlos）面前，他看起来有些茫然，于是老师提醒道："试试从等号处画一条线开始，就像我们上周做的那样。还记得吗？"卡洛斯随即开始动手解题。

接着，她又发现菲力克斯（Felix）只完成了一半，没有把等式右边的4也进行分配，于是她说：“再检查一下，你有用之前教的画箭头方法吗？”

她不停地在教室里走动，鼓励每一个学生，确保大家都在积极思考。她会大声向全班同学分享她的观察：“我注意到大家都在等式两边做同样的加减操作。”并提道：“这是我们第一次遇到这种在等式两边都要分配的题目。”过了一会儿，她提议：“大家先停一下，我再给大家演示一个例题，同时标出关键步骤。这样你们就可以对照步骤检查自己的答案了。”

陈－帕蒂诺老师对新的例题做出了详细解释，并在每个关键步骤中都给出了清晰的指导。之后，她鼓励学生们再检查一下自己的答案，看是否能与她的方法相匹配。在课程快结束时，她抛出了一个新的问题：

“我们有5个人去看电影，票价是每人12美元，我们还想每人买一份爆米花，价格是每份5美元。现在我想知道我们总共要花费多少钱？你会如何建立一个等式解题？”

你所做的每一个标记都是为了对内容有更深入的理解。从这个教学案例中，你又有了哪些新的发现或启示？你能否在沃德等人1976年的研究中找到与此相对应的教学策略？请详细列举出你从这个教学案例中观察到的关于支架学习的各个关键点。

策略	案例中的依据
激发兴趣	
简化任务	
把握方向	
突出重点	
化解挫折	
行为示范	

互助学习

这是一个实践新知的好机会。让我们通过一个场景，看看一位教师是如何巧妙地运用支架学习来提高教学效果的。

马科・林孔（Marco Rincon）的学生们正准备利用图形工具为一个项目做前期准备。他们学习了大量知识，但现在的挑战是如何有效地整理这些知识，以便后续可以派上用场。林孔老师开始说："给你们 15 分钟做笔记，整理和梳理你们的资料。希望你们能将笔记简化并呈现在一张纸上，这样各种信息和观点之间的联系就一目了然了。并且，我们学过的所有图形工具都可以帮到你们。整理完之后，我们会玩一个密室逃脱小游戏，但请记住，只能用一张纸。"

林孔老师为学生准备了一系列与课堂内容紧密相关的密室逃脱挑战。他继续说道："这个挑战我们学校还没人完成过。但是我们可以创下纪录，不是吗？但前提是，我们的资料必须整理得清晰明了。"

那么，林孔先生会如何巧妙地运用支架学习来助学生一臂之力呢？

策略	给林孔老师的建议
激发兴趣	
简化任务	
把握方向	
突出重点	
化解挫折	
行为示范	

你可能注意到了，无论是在陈－帕蒂诺女士的课堂还是林孔先生的课堂，学生都能全情投入学习中。而支架学习的优势之一就是能够带来真实的、多维度的学习参与。

支架学习与学习参与

教育心理学专家通常将学习参与分为3个层面：元认知参与、认知参与及情感参与。它们是构成学习动力的核心，并且为我们深入理解教学支架领域的发展提供了独到的视角。

当你听到“元认知参与”“认知参与”和“情感参与”时，你会想到什么？请在下面写出你对这些术语含义的想法。

1. 支架学习中的元认知参与。

元认知在支架学习中的核心目标是培养学生的反思能力，这对于自我调节和未来应用所学技能至关重要。例如，在学生转向了较低效的学习路径时，他们需要方向上的持续指导。这种指导不只是简单的重定向。重定向是将学生引向一个新的路径，但并不附带相关的解释说明。比如，教师可能会建议：“你提到你想用一个令人震惊的统计数据，但我觉得你反而该向读者提出一个问题。”而元认知的方向调整更像是：“我建议你大声读出你写的内容，看看它们是否达到了你的目标？换句话说，你是否实现了让读者感到震惊的目标？”

2. 支架学习中的认知参与。

认知结构和简化任务自由度是支架学习的核心。这涉及学生和教师之间的相互响应。达到这一目的最有效的方法是进行动态评估，意味着一个“测试—教学—重新测试”的迭代循环。

例如，教师在进行多音节词读音教学时会要求学生识别多音节词中的元音，以查看学生是否能够找到音节（测试）。接着，教师提醒学生每个音节都包含一个元音（教学），然后要求学生根据音节分割这个词（重新测试）。教师接着指出，音节可以像短词那样读出来（教学），然后让学生依次读出每个音节（重新测试）。当学生成功地做到这一点时，教师提示他们更快地读出音节，将其读成一个完整的词（教学）。学生们逐一读出清单上的每个多音节单词。

在教学多音节词时学生遇到了困难，教师则开始简化任务。例如，学生在学习“transportation”这个词时，在音节上出错而对这个词感到困惑。教师则用空白卡片遮住这个长词的开头和结尾，询问学生是否有一个小词可以单独存在。通过简化学习任务，学生可以观察到“port”这个词。

“这可以是一个单独存在的音节吗？”教师问道。

“可以，因为每一个音节里有一个元音。”学生回答，然后重新写下这个长词中的四个音节。通过遮盖这个长词的余下部分，教师能够暂时专注于某一特定内容的教学，以帮助学生重构他们的认知。

3. 支架学习中的情感参与。

学生的情感和情绪对其学习成果至关重要。如果学生对所学内容不感兴趣，或者感到困惑和挫败，他们可能会选择放弃。因此，在支架学习中，激发学生的兴趣和减少他们的挫败感是非常重要的。近年来，特别是在多语言学习的教育中，越来越多的人关注支架学习中的情感参与。为了培养学习所需的情感安全感，支架学习中的情感参与被有意识地使用。这些可能包括以下内容（Tajeddin & Kamali，2020）。

（1）鼓励。通过给予“啊哈”“好的”和“很好”等正面反馈鼓励学习者。

（2）情感支持。通过对学生的发言内容提供反馈，使他们感到舒适和自信。或者使用类比、隐喻和故事来影响学生对教学内容的情感反应。例如，教师可能会鼓励学生：“我们可以克服困难，我们之前就做过。”或者说：“我还记得几周前你感到很沮丧，但你找到了应对的方法，是吧？”

（3）鼓励沉默的学生。私下对学生说：“这个想法很棒。你愿意和大家分享吗？”用这类方式鼓励那些不太愿意交流的学生参与课堂。

这些情感支持并不会对学习成果产生直接影响，而是通过邀请与鼓舞的方式间或呈现。这很关键，是因为有效的教学支架是建立在关系性和双向互动基础上的，而不是单纯要求学生表现出对学术技能或概念的掌握。

2010 年，范德普尔（Van de Pol）及其同事对上一个十年有关该课题的 66 项研究进行了总结，探索了支架学习是如何被定义、实施和评估的。他们构建了一个分析框架（表 2.1），旨在描述教学支架是为了支持元认知、认知还有情感反应。

表 2.1　支架学习策略分析框架

支架学习的意图				
促进学生的元认知活动	促进学生的认知活动		促进学生的情感反应	
A. 把握方向	B. 情感支架学习	C. 简化任务	D. 激发兴趣	E. 处理意外情况 / 化解挫折
方法： 1. 反馈（Feedingback） 2. 提示（Hints） 3. 指导（Instructing） 4. 解释（Explaining） 5. 示范（Modeling） 6. 提问（Questioning）				

来源：Van de Pol et al.（2010）。

这项研究延续了沃德等人的研究成果，并进一步强调了情感参与在支架学习中的重要性。

学生的情感和情绪对其学习成果起到决定性的作用。

对支架学习的疑虑

自沃德等人的支架学习理念提出以来，也引发了一些疑虑。以下是其中的 5 种疑虑：

1. 年龄段的局限。

他们研究的内容是 3 ~ 5 岁的儿童如何搭建积木金字塔。有趣的是，他们注意到支架学习在这 3 个年龄中的作用方式存在显著差异，随着孩子年龄的增长，展示与讲述之间的比例有所减少，对年幼的学生更多采用以展示的方式。自 1976 年起，各界学者对支架学习进行了大量研究，综合结论是这种模式适用于大多数教学场景。

2. 课堂结构的挑战。

另一个问题在于支架学习的研究大多基于成人和学生之间的一对一互动完成。

在这种情况下，既没有其他学生参与，也不需要同时管理一群学生，且很多关于支架学习的案例都是针对单个学生的。这仍然是一个挑战，因为许多支架学习的例子都集中在单个学生接受教师支持的场景上，也有小组支架学习的例子，但全班范围的支架学习实例较为少见。这是因为对某一位学生适用的支架学习方法可能对另一位学生并不适用，这并不难理解。不过近些年的支架学习研究也包括了教师为整个班级在课前设计前端支架。这些将在第 7 章中进一步探讨。

3. 单一答案的问题。

搭建积木金字塔只有一种方法，在很多基于学校的学习中，存在多种正确答案或解题途径。这需要更复杂的支架学习以及启发式方法的应用，也可以通过我们通常依赖的一种认知框架来找到答案。想想你是如何停车的。停在尽可能靠近目的地的地方？或是停在一个阴凉的地方？你会不会尽量和其他车辆保持距离以免车被刮到？抑或是选择你第一眼就看到的车位并为自己顺利找到车位而感到自豪？对于这些问题没有固定的答案，但你很可能用一个启发式方法解决停车问题。为了确保学生能够激发出认知的灵活性、创造性和创业精神，教学支架需要包括启发式方法，也需要意识到解决问题的方法可以有很多。

4. 教师引导的边界。

在关于支架学习的探讨中，人们逐渐意识到学生这一角色的重要性。有人担心，教师可能在有意无意地引导学生得出某一特定答案或形成某种既定的思维模式。正如瑟尔（Searle）在 1984 年的文章《支架学习：谁在构建谁的大楼？》（*Scaffolding: Who's Building Whose Building?*）中所指出："学校很少真正允许孩子们自主提出话题或为自己积累学习经验。因此，支架学习有时可能变成对学生的一种框架性的强加。"在关于支架学习的开创性研究发表仅 8 年后，就有人对教师利用支架学习来控制学生及其学习方式表示担忧。还有人担心，如果支架学习应用得太狭隘，忽略了学习者自身带入学习过程中的东西，从而削弱教师与学生之间的互动关系。莫尔（Moll）在 1990 年的研究中强调，学习是一个"社交系统，我们期望孩子们在其中学习，并认识到这个系统是由教师和学生一起积极创造的"。如果支架学习过于简化或偏向行为主义，可能会限制学生在共同构建学习过程中的参与度。这不仅可能妨碍学生对学习的主导权，还可能阻碍学习的深度转移。正如我们在其他文献中（例如，Frey et al.，2018）所强调的，学生应被教育以逐渐承担更多的学习责任。与此同时，教育者需要为学生提供丰富的经验，以增强他们在课程中的自信和能力。

5. 过度地使用。

有些人对支架学习的普遍使用表示关切，担心这样可能会使学生在学校中不再有真正的挑战。学生应该有机会去努力探索不同的思想和信息。他们需要在学习的道路上遇到一些难关（Nottingham，2017），并真正体验到成功和失败所带来的意义和价值（Kapur，2016）。你可能也会有同样的看法，即在当前的教育环境中，学生所面临的许多挑战和困难已被大大简化。我们可能过于强调预教和前置教学，尽管我们在减少这类支持，但也应该认识到，如果学生只是单纯的一次次失败而没有真正学到东西，他们可能会对某些学科产生偏见，并在未来对学习失去热情。我们应该更多地关注如何在学习过程中帮助学生进行探索，而不是简化他们的学习挑战。

运用所学

请花点时间，回顾关于支架学习的 5 个疑虑。可能其中的某一个疑虑与你或你的同事的想法相符。请结合你的具体环境（例如，你所在的学校、教学领域、年级或课堂），针对这一疑虑构思你的解决方案。

总结

支架学习的概念在几十年前就被引入，并作为一种支持学生学习的方法，一直以来被当作研究对象。其核心观点，如学生对解决方案的接纳和对成功的定义，仍然是今天教育的基石。但随着时间的推移，我们也需要在这一策略中融入新的思考。面对支架学习可能导致的学习过程过于简单化的问题，教师需要寻找一个平衡：设计出具有挑战性的任务，并为其提供恰当的支架，以确保学生在面对挑战时仍能持续学习和进步。

自我评估

在进一步学习之前，请思考一下本模块的成功要素。你会看到，这些要素已从“我们能够”的陈述表达转变为“我能吗”的疑问句。你有信心已经掌握了支架学习的相关知识了吗？请用涂色的方式做自我评估，涂满的方格越多表示越有信心。同时，你需要写出做出判断的依据。

成功要素	自我评估	依据
我能阐述为什么支架学习有助于学习吗？	□□□□□□□□□□	
我能解读研究中关于支架学习的各个要点吗？	□□□□□□□□□□	
我能识别出进行支架学习时可能存在的疑虑、挑战或限制吗？	□□□□□□□□□□	
我能分析支架学习如何影响学生的参与吗？	□□□□□□□□□□	

第三章
支架学习的模式

学习目标	成功要素
我们将会学习成功的支架学习所需的必要条件	当我们达到以下要素时，我们就成功了。 1. 能够阐述支架学习中的“应急措施”或“灵活性”意味着什么 2. 能够描述一个适用于自己学校和课堂的支架学习的模式 3. 能够用支架学习的相关研究为我们的模式提供依据

在本章中，我们将介绍一个关于支架学习的框架或模式。当你在思考这个模式时，哪些要素会纳入你的考虑范围？以下的问题可以帮助你思考。

（1）目标在支架学习中的作用是什么？

（2）我们可以使用哪些类型的支架？

在前两章中，我们深入探讨了支架学习的定义、为什么需要支架学习，以及支架学习的基本要素、必要条件和存在的问题。现在，回顾这些主要观点，确保我们对这些基本理念有深入的了解。我们在本章中将分析支架学习的理念。

请花点时间记录下你对以下问题的初步答案。完成后，对照导论和前两章的内容，使用不同类型的笔或不同颜色的书写工具对你的答案进行修订和编辑。我们很快会回顾这些修订和编辑的内容。现在，请确保你的原始答案与你的修订和编辑的内容能够清晰区分。

（1）支架学习是什么？或者你如何定义支架学习？

（2）将支架学习的 4 个基本要素写在下面。

（3）回顾关于支架学习的 5 个疑虑，并将其与烘焙蛋糕的过程相联系。

（4）最后，填写图中缺失的部分。我们在边栏提供了一个可选的词汇库。顺便说一句，现在所做的就是一个进行支架学习的例子。

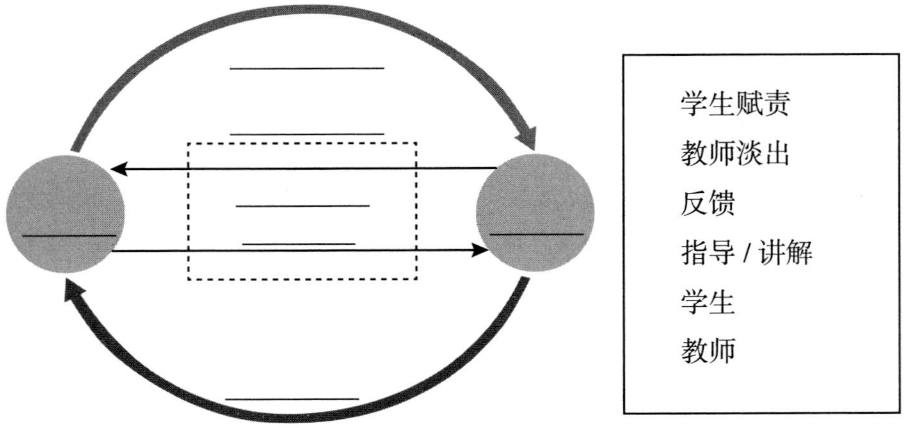

来源：Malik（2017）。

在本章中，我们希望更加深入地了解马利克模式中的意外情况部分。意外情况指的是某种事情是可能发生的，但发生条件依赖于其他的变量或情况。以合同中的意外情况条款为例：如果这样，那么就那样。这个条款指出，如果满足了特定的条件，那么就会产生某种特定的结果。请回到第一章，让我们将支架学习的 4 个基本要素，即基本措施转化为一个对意外情况的陈述。如果我们采取这 4 个基本措施，那么学会骑自行车的可能性就会提高。

（1）调整任务难度至适中。

（2）为学习过程营造安全感。

（3）帮助学生处理较复杂的任务。

（4）即便学生遇到失败也要给予鼓励。

是的，被标记为意外情况的方框里面有很多内容。方框里的内容展示了支架学习的工作原理，也是这本书的核心内容。

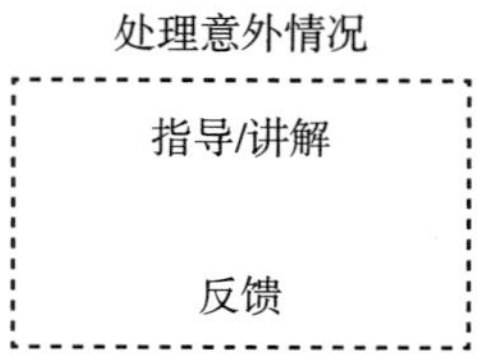

在教师与学生之间存在哪些教学方面的意外情况？它们如何导致教师的指导逐渐减少并淡出，而学生的主动性和责任心逐渐增强？在支架学习中，反馈又起到了什么作用？

结合我们在学校和课堂的经验，以及大量关于支架学习的研究，我们形成了一个关于支架学习运作的模式，如图 3.1 所示。

该模式融入了马利克模型中的教学权变措施，并强调了在这些权变措施中有效反馈的作用。此外，该模型明确了每个权变措施直接参与教师逐渐减少干预（教师淡化）和支持学习者增强自我负责性的过程。

在我们做进一步的讨论之前，希望你能将支架学习的基本要素和支架学习的六大策略融入第四章的模式中。你可能会发现，某些基本要素和策略可以支撑模型的多个部分。例如，确保学习过程中的安全感，这一点可以被纳入目标设定、练习和逐渐淡化（教师支持递减）中。将这一点添加到模型的这些部分非常重要。你可以根据需要在模型的多处进行标注。完成后的模型将会与现在大不相同，所以请大胆标注吧！

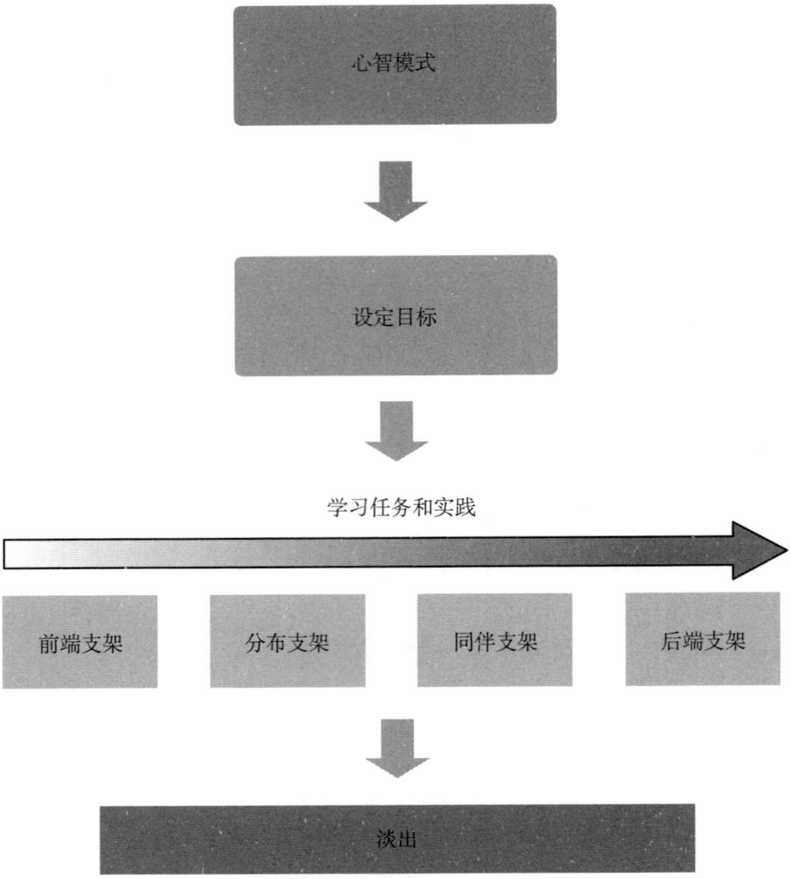

图 3.1　支架学习运作的模式

支架学习的基本要素：

（1）精简学习任务。

（2）为学习过程营造安全感。

（3）帮助学生处理较复杂的任务。

（4）当学生遇到挫折时提供鼓励。

支架学习的六大策略：

（1）激发兴趣。运用支架学习时要做的第一件事就是点燃学生的兴趣。

（2）简化任务。这意味着教师应减少任务步骤来简化学习任务，深入分析任务，便于学生更好地理解每一步骤，从而更有效地指导他们。

（3）把握方向。该策略旨在确保学生持续追求特定的目标（Wood et al., p.98）。

（4）突出重点。作为支架学习的一部分，我们必须强调任务的本质特征。

（5）化解挫折。这包括为陷入困境的学生给予正面反馈，或是提供额外的提示和线索来促成成功。

（6）行为示范。通过示范、大声表达思考过程、提供其他形式的指导，给予学生一个模仿他人行为的机会，这有助于在任务完成的过程中脱离困境。

让我们对支架学习模式的每个部分做个简要概述。在接下来的章节都会对模式的各个部分进行深入探讨。

（1）心智模式。我们的支架学习目标是什么？最终的熟练度或精通状态是什么样的？心智模式对于我们理解复杂的内容、实践、流程和观念至关重要，它体现了我们的目标所在，或者说对特定概念或技能熟练掌握后应呈现的状态。为发挥支架学习的作用，我们必须为学生制定一个清晰的学习目标。我们将在第四章探讨心智模式。

（2）设定目标。为了帮助学习者更好地实现心智模式所指定的目标，我们需要准备多少次支架学习？为锻炼学习者的熟练度与精通度，我们如何在这一过程中为他们提供支架支持？只有当我们确定学生的学习进展，将他们当前的位置与心智模式的目标进行比较，并设定可衡量与可实现的目标来推进他们的学习进展时，支架学习才会发挥作用。没有目标设定，支架支持将缺乏临时性作用，支架学习也将缺乏成效。这一部分将在第五章着重讨论。

（3）学习任务和实践。实践是支架学习中最重要的环节之一，没有实践，就不会有进步。但是我们必须先弄清楚，哪些类型的实践不会产生进步。为了推动我们的学习进展，优化概念性发展，提高我们的技能，并强化我们的理解，我们必须参与到某种类型的实践中去。并不是所有的实践都是相同的，第六章将帮助我们比较不同类型的实践，并且探讨哪种实践将会帮助支架学习的实施。

（4）前端支架、分布支架、同伴支架及后端支架。第七到十章探讨了不同类型的支架学习。这包括在学习之前实施的前端支架、学习过程中实施的用于监控和调整的分布支架以及同伴支架，即同伴学会如何支持他人的学习。这 3 种支架与学习任务完成后使用的支架有所不同，后者称为后端支架。

（5）淡出。支架学习是临时的，当底层结果准备就绪时应予以撤除。在教育领域中，这个撤除过程被称为“淡化”，它可能发生在一个对话、活动或单元中，或贯穿一年或整个课程学习期间（Martin et al.，2019）。淡出涉及减少完成任务或活动所需支架的数量或类型。当然，我们的目标是让学生学会在各种情景中使用习得的技能或概念，这被称为泛化或迁移。这部分是第十一章的重点。

以上就是一个支架学习运作的模式。

互助学习

请花点时间回顾这本书的导论部分。在这部分的开头，我们讲了纽约洛克菲勒中心的建设故事。我们还提到，建筑物的支架有三个主要组件：大横杆、立杆和小横杆。

以下是这些组件的定义：

（1）大横杆是沿着支架长度水平延伸的管状部件，用于支撑支架的工作平台。根据其安装位置，它对工作平台（甲板、木板）的放置高度有着直接影响。

（2）立杆是垂直放置的组件，可以将平台的重量转移到基板上。立杆之间使用插销和接头相连以增加支架的高度。它还可以为支架提供稳定性，并搭建工作平台。

（3）小横杆是水平垂直于大横杆的组件，通常与建筑物正面成直角（90°）。它们也可以用来支撑工作平台。小横杆是支架的关键部分，可为结构提供稳定性和强度。没有小横杆，支架将无法承受任何重量并会导致倒塌。小横杆通常由钢或铝制成，有多种长度可供选择。它们使用夹子或螺栓连接到大横杆，并使用耦合器相互连接。为了提供支撑和稳定性，小横杆必须沿支架长度以固定间隔放置。

想一想支架的这 3 个主要组件的定义，向同伴讲解在我们的支架学习模型中，这些定义与我们的支架学习工作模式存在哪些方面的相似性。换句话说，在我们的教学模式中，有哪些部分充当了立杆、大横杆和小横杆的作用，为学习者建构对知识和技能的理解提供支撑？如果你能向其他人解释清楚这一点，那么你就对支架学习产生了进一步的理解。

总结

在本章中，我们展示了一个关于支架学习的模式，并强调了支架学习融入实践中的重要性。换言之，我们正在整合几方面的研究成果：支架学习和刻意练习。这两者是相辅相成的，但往往被分隔开，从而妨碍了学生的学习成效。我们认为它们的内在是相互关联的。

自我评估

在进一步学习之前，请思考一下本模块的成功要素。你会看到，这些要素已从“我们能够”的陈述表达转变为“我能吗”的疑问句。那么你有信心已经掌握了支架学习的工作模式吗？请用涂色的方式做自我评估，涂满的方格越多表示越有信心。同时，你需要写出做出判断的依据。

成功要素	自我评估	依据
我能阐述支架学习中的各种条件的含义吗？	□□□□□□□□□□	
我能描述一个适用于我们学校和课堂的支架学习模式吗？	□□□□□□□□□□	
我能够用支架学习的相关研究为我们的模式提供依据吗？	□□□□□□□□□□	

第四章
心智模式

学习目标	成功要素
我们将会学习心智模式在支架学习中的角色	当我们达到以下要素时，我们就成功了： 1. 能够分辨什么是心智模式 2. 能够解释心智模式帮助支架学习进行的过程 3. 能够为将来的概念、技能或理解构建并阐述一个心智模式

你会如何描述一个心智模式或如何解释其运作原理？以下的问题可以帮助你思考。

（1）为了完成任务，你会采用什么样的心智模式？你是通过什么特征鉴定该表现为优秀的？

（2）你的学生需要具备哪些心智模式才能获得成功？

在上一章的结尾，我们重新回顾了洛克菲勒中心的故事。尽管在现代大城市中建造一座摩天大楼不再像 20 世纪 30 年代那样引人瞩目，但完成这样的壮举依然极其复杂且充满挑战。完成一项这样的工程需要高度关注细节、流程和物理规律，这些信息被传递给了那些建造摩天大楼的人——将愿景变为现实的建造者们。

蓝图是一种二维图纸，它提供了关于建筑项目的重要细节（图 4.1）。20 世纪 30 年代就有了这样的蓝图，蓝图为建造内容提供了具体的视觉表现。

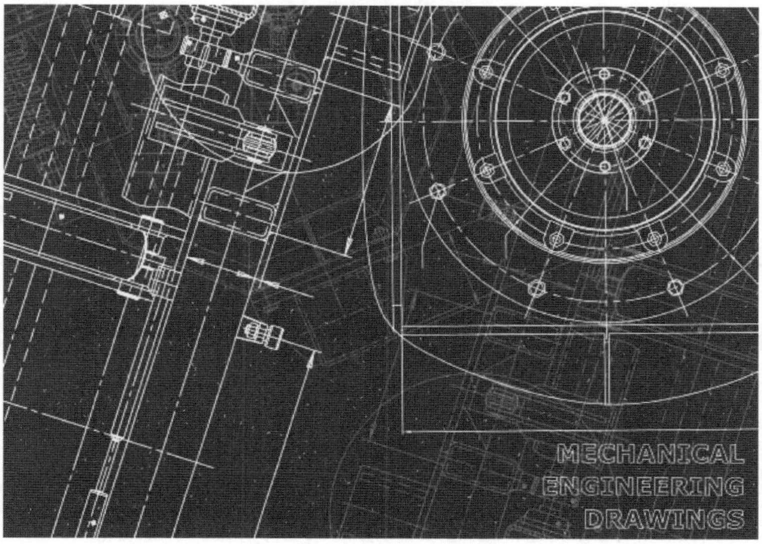

图 4.1　建筑蓝图

来源：iStock.com/Bubushonok。

思考一下你能在这张蓝图里获得哪些信息？请列在下面。

-
-
-
-
-
-
-
-
-
-
-

思考一下那些没有在蓝图中找到但仍然存在于建筑物中的信息，请列在下面。

-
-
-
-

建筑蓝图精确地展示了建筑项目的每一个细节，包括尺寸、构件、位置和所用材料，为施工人员提供了执行工作所需的关键信息。这些细节对于确保项目的顺利完成至关重要。蓝图还可以帮助建筑工人找到搭建支架的位置。

除了建筑信息，蓝图还阐释了项目的目的，如其对社区、城市或自治州或国家所作的贡献（例如，用于商业、住宅或工业）。此外，蓝图还提供了建筑规范、安装方法、测量技术和质量标准等必要信息。请回顾你对上面问题的回答，并根据你新获得的见解更新你的答案。值得强调的是，蓝图上未包含的细节与其所包含的细节同样关键。例如，地毯的质地和色彩，家具的设计风格，窗帘或标识的设计，以及各个房间的使用者等，这些并不是建筑施工的核心组成部分。相反，这些细节，连同你提到的内容，都是建筑使用者根据自己的品位和需求所做的独特选择。

你可能已经看出我们的思考方向了。

运用所学

回到上一章中对心智模式的总结。借助维恩图，对比心智模式与蓝图。

现在让我们把这些联系起来：

（1）心智模式是学习的蓝图。

（2）正如蓝图一样，心智模式提供了在内容、技能和理解方面达到熟练或精通水平所需的基本信息。

（3）心智模式中未包含的内容表明了学习者可以个性化学习并对学习的某些方面做出个人选择。

（4）我们需要借助心智模式来判断支持学生学习的支架。

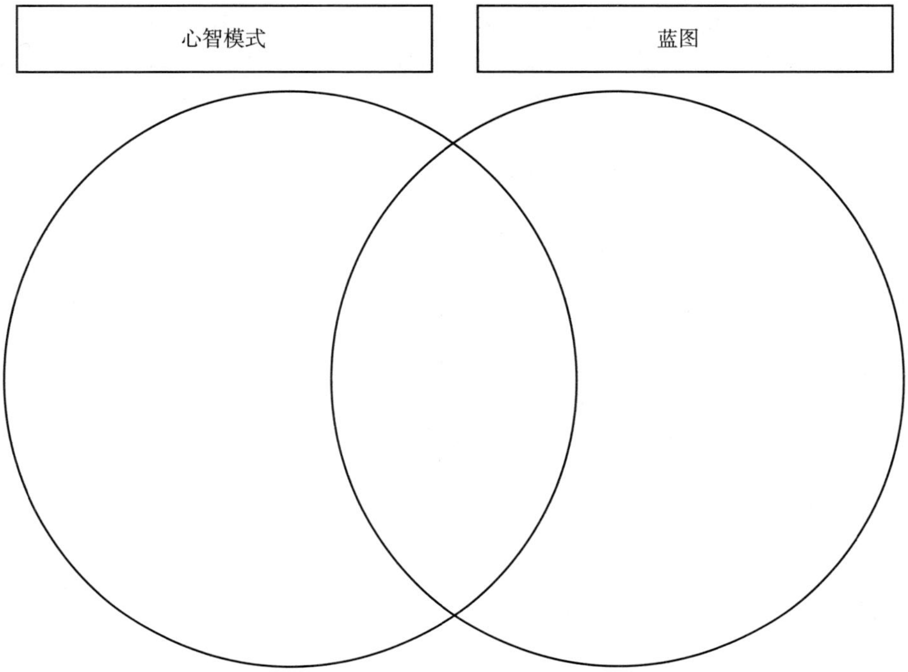

构建心智模式

在《成功标准手册》(*The Success Criteria Playbook*)(Almarode 等人,2021)中,我们研究了 4 个复杂且具有难度的学习示例。

(1)构建有力的数学论证。

(2)搜集令人信服的科学证据。

(3)运用文本特征进行深入理解。

(4)对比同一事件的不同历史描述。

我们将使用这些示例帮助我们理解学习的清晰度与支架学习之间的紧密联系。即使你对以上这本书不太了解也无须担心,这不会影响我们在此的学习过程。我们的目标是为这种学习方式构建清晰的蓝图或心智模式。我们需要识别在这些领域达到熟练或精通所必需的关键信息,并将其清楚地表达出来,同时也要明确学习者在哪些方面可以进行个性化学习并做出个人选择。

表 4.1 中,我们列出了在内容、技能和理解方面达到熟练或精通所需的关键信息。请记住,无论你所教授的是哪个学科,通过审视这些示例,可以帮助你在自己的课题上展示同样的环节。

表 4.1 在内容、技能和理解方面达到熟练或精通所需的关键信息

构建有力的数学论证	搜集令人信服的科学证据	运用文本特征进行深入理解	对比同一事件的不同历史描述
1. 明确数学问题的核心要素 2. 阐述解决问题的策略或方法 3. 利用数学术语阐释论证 4. 以逻辑顺序展示论点，使之与前后步骤相串联 5. 评估解决方案的合理性 6. 提出并解释替代论证	1. 阐述科学问题 2. 在科学问题与假设问题间建立联系 3. 确定因变量和自变量 4. 将变量与数据建立联系 5. 以解决科学问题的方式重组数据 6. 对数据进行解释 7. 探讨替代假设 8. 提出后续问题或研究领域	1. 概述文本信息 2. 将概述与文本中的具体证据相联系 3. 确定文本中的特征 4. 描述文本特征所呈现的信息 5. 解释文本特征对理解文本的贡献 6. 联系文本中的证据、文本特征和文本含义	1. 确定历史事件的关键特征（如人物、地点、时间段） 2. 确定并评估信息来源 3. 对来源进行分析 4. 组织来源提供的信息 5. 比较和对比不同记载 6. 分享两个记载之间的差别

互助学习

与同伴探讨，以确定一个即将来临的学习任务或体验，这个任务或体验对学习者来说既充满挑战又具有难度，需要支架学习辅助。无论是在美术课上为静物画着色、体育课上练习控球技巧，还是深入分析一首诗歌，询问你的同伴在掌握这项内容、技能和理解方面达到熟练或精通所需的核心信息。在下面的表格中记录这些关键信息。

学习体验或任务：______	学习体验或任务：______	学习体验或任务：______	学习体验或任务：______
•	•	•	•
•	•	•	•
•	•	•	•
•	•	•	•
•	•	•	•
•	•	•	•
•	•	•	•
•	•	•	•

请记住，我们的蓝图或心智模式中未包含的内容与心智模式中所包含的内容同样重要。这些内容代表了可能给学习者带来的个性化体验和独特选择。或者，正如我们即将看到的，它们可以作为我们支架学习体验或任务的起点。回顾我们的 4 个例子，看看心智模式中遗漏了哪些内容（表 4.2）。

表 4.2　支架学习体验或任务中所需的关键信息

构建有力的数学论证	搜集令人信服的科学证据	运用文本特征进行深入理解	对比同一事件的不同历史描述
1. 问题的类型 2. 论证的呈现方式（例如，书面或口头） 3. 学习体验或任务是单独完成，与伙伴合作，还是在小组中进行	1. 具体的科学问题 2. 数据组织的具体方法 3. 证据收集的方式 4. 数据及其备选假设的解释方法	1. 具体的文本 2. 用于确定证明的具体策略 3. 分享摘要和证明的方法	1. 具体的历史事件 2. 可用的历史资料 3. 可用资料的文本复杂度 4. 信息整理的方法 5. 比较和对比任务的组织方式 6. 分析结果的呈现形式

请回到你的支架学习体验或任务中，深入思考在掌握内容、技能和理解方面实现熟练或精通所需的关键信息中未包括的要素。在表格中记录这些要素。

学习体验或任务：________	学习体验或任务：________	学习体验或任务：________	学习体验或任务：________
• • • • • • •	• • • • • • •	• • • • • • •	• • • • • • •

我们所做的实际上就是在构建学习的蓝图。这包括了成功完成每个学习体验或任务所必需的关键信息。我们为每项学习体验或任务规划了维度、构成要素、布局和所需材料。这是我们与专业学习社群（PLC+）、学科规划团队或年级规划团队共同完成

的任务。这些信息不能像建筑师的蓝图那样保密不外传。我们必须向学习者明确传达这些心智模式，以便他们积极参与学习过程。心智模式的传达方式，必须在执行建筑项目人员（在学校和课堂上参与学习体验或任务的人）的接受范围之内。我们如何成功并准确地完成学习体验或任务所需的关键信息呢？我们所做的工作远不止将这些信息像蓝图一样放在纸上。我们接下来要探索的正是如何有效地传达心智模式这一关键课题。

传达心智模式

心智模式必须清晰地传达给学习者，以便他们了解学习体验或任务的核心特征。为达到熟练和精通的水平，他们需要掌握哪些知识和技能，以及具备怎样的认知理解呢？最终目标是什么？在哪些方面他们可以根据个人喜好做出选择，而在哪些方面他们需要对学习体验或任务的特定内容负责？

传达心智模式的方式多种多样，从教师主导的方法到学习者主导的方法不等。例如，我们可能会展示一个范例并附带一份要点清单。这是一种以教师为中心的方法。另一种以学生为中心的方法则可能需要向学习者展示几个例子，这些例子的质量参差不齐。然后，我们可以引导学生对这些例子进行分析，并制定一份在内容、技能和认知方面达到熟练和精通水平所需的要点清单。对于通过支架学习方式传达心智模式这一事实，我们无须感到意外——在学年初，我们可能会采取更多以教师为中心的方法，随着学生在构建自己的心智模式方面能力的提升，我们会逐渐移除支架，转而采取更多以学生为中心的方法。

让我们制订一个传达心智模式的计划。我们先考虑基于本模块中所讨论的 4 个学习体验和任务提供的例子，见表 4.3。

表 4.3 传达心智模式计划表

构建有力的数学论证	搜集令人信服的科学证据	运用文本特征进行深入理解	对比同一事件的不同历史描述
制作一个 Loom 教学视频，示范如何精心构建数学论证；提供一份要点清单并让学生在观看视频时识别这些要素	分别展示一个成功和失败的例子；引导学生探讨两者的差异；制定一个班级的基本特征清单	提供多种模态的几个示例（例如，书面示例、带问题的 EdPuzzle 或 Play Posit 视频片段、视觉示例）；提供一份观察要点清单，学习者在观看录像时必须识别这些要点	分享多个质量不一的例子，让学习者进行比较和对比；制定一个班级的基本特征清单

现在轮到你了，你会如何传达心智模式？

学习体验或任务：______	学习体验或任务：______	学习体验或任务：______	学习体验或任务：______
• • • • • • • • • • •	• • • • • • • • • • •	• • • • • • • • • • •	• • • • • • • • • • •

总结

构建和传达心智模式是支架学习的第一步。创建学习蓝图的重要性在于该蓝图如何明确学习经历或任务的各项信息，包括尺寸、部件、位置和材质。这些关键信息需要融入心智模式中，并且要以我们和学习者都能够根据此模式设定学习进步目标的方式传递给学生，使他们能够明确自己的学习目标，并朝着掌握和精通某项技能的方向迈进。接下来，我们将探讨设定目标，这一环节正是基于我们所构建和传达的心智模式。

自我评估

在进一步学习之前，请思考一下本模块的成功要素。你会看到，这些要素已从“我们能够”的陈述表达转变为“我能吗”的疑问句。你有信心已经掌握了支架学习的心智模式吗？请用涂色的方式做自我评估，涂满的方格越多表示越有信心。同时，你需要写出做出判断的依据。

成功要素	自我评估	依据
我能分辨什么是心智模式吗？	□□□□□□□□□□	
我能解释心智模式是如何帮助支架学习的进行吗？	□□□□□□□□□□	
我能为一个将来的概念、技能或理解构建并传达一个心智模式吗？	□□□□□□□□□□	

第五章

设定目标

学习目标	成功要素
我们将会学习如何在教学场景中选择恰当的支架类型及其持续时间	当我们达到以下要素时，我们就成功了： 1. 能够描述设定目标的流程 2. 能够辨识出高效设定目标的核心原则 3. 能够与学生协作，共同为他们的学习设定目标

你会如何描述教育语境下的设定目标？以下问题可以帮助你思考：

（1）设定目标的意义何在？

（2）学生的目标是怎样确定的？

（3）目标是如何有效地传递给学生的？

当我们与学生协作，利用心智模式共同设定学习目标时，支架学习才能有效发挥作用。回顾我们上一章的主题和有关蓝图的比喻，设定目标就像是为 RCA 大厦的建设做出规划。

设想总承包商审视了整个建筑项目的蓝图，接着，决定今天团队将开始在第 13 层铺设电力和管道系统。这一目标使得总承包商及其团队能够做出关键性决策，例如何时部署支架，需要准备哪些材料和设备，以及制定哪些规章和标准来指导员工工作。这正是“设定目标”在我们的学校和课堂中的实际运作方式，以及它是如何让支架发挥作用的。

目标设定的准备工作

在成功构建并向学生传达了学习体验或任务的心智模式后，接下来我们需要为支架学习做出规划。我们应该在何处部署支架？这些支架可以维持多久？它们将以怎样的形式呈现出来？设定目标聚焦于心智模式中最为关键或优先的部分，这是推动学习前进的核心所在。

如何识别心智模式中最为关键或优先的部分？

为了确定心智模式中需要优先处理的部分，或者说从哪里开始实施支架学习方式，我们必须生成一些证据，这些证据可以表明我们和学习者所处的学习阶段。如果没有初始评估任务产生的证据，我们就无法深入了解心智模式中的优点和潜力。此外，我们还可能面临过度依赖支架而导致表面上成功但实际上毫无成效的风险，或者支架不足而导致失败的风险。我们将在下一部分对此进行更深入的探讨。

结合前一模块中的学习经验及任务，我们将制定一个证据清单，以便设立目标和搭建教学支架。我们会先提供一个示例，之后你可以练习处理其他几个案例。接着，你将把这一流程应用于你自己的课堂中的学习体验或任务。

学习体验或任务	心智模式的内容	初步评估所需的证据
构建有力的数学论证	1. 明确数学问题的核心要素 2. 阐述解决问题的策略或方法 3. 利用数学术语阐释论证 4. 以逻辑顺序展示论点，使之与前后步骤相串联 5. 评估解决方案的合理性 6. 提出并解释替代论证	在本单元课程开始前的几天，安排一个初始性任务：向学生们提出一系列问题，让他们自由选择并尝试解决。然后让他们与同桌组成小组，共同讨论并解释他们为何选择某种特定的解决方案；通过倾听和观察学生间的交流来识别他们的强项和成长潜力

续表

学习体验或任务	心智模式的内容	初步评估所需的证据
搜集令人信服的科学证据	1. 阐述科学问题 2. 在科学问题与假设间建立联系 3. 确定因变量和自变量 4. 将变量与数据建立联系 5. 以解决科学问题的方式重组数据 6. 对数据进行解释 7. 探讨替代假设 8. 提出后续问题或研究领域	
运用文本特征进行深入理解	1. 概述文本信息 2. 将概述与文本中的具体证据相联系 3. 确定文本中的特征 4. 描述文本特征所呈现的信息 5. 解释文本特征对理解文本的贡献 6. 联系文本中的证据、文本特征和文本含义	
对比同一事件的不同历史描述	1. 确定历史事件的关键特征（如人物、地点、时间段） 2. 确定并评估信息来源 3. 对来源进行分析 4. 组织来源提供的信息 5. 比较和对比不同记载 6. 分享两个记载之间的差别	

太好了！现在，让我们开始列举你课堂中的学习体验或任务所需的证据。请翻回上一个模块以回顾你为学习体验或任务制定的心理模型的各个要素。这些证据对于设立目标和在学习过程初期搭建支架至关重要。如果缺少了这一流程中的关键部分，支架无法成功建立。

运用所学

学习体验或任务	初步评估所需的证据

续表

学习体验或任务	初步评估所需的证据

设定目标的步骤

在围绕心智模式的不同方面收集并分析了证据之后，我们必须对这些证据进行解读，并将这种解读转化为具体的目标。当学习者参与到为自己设定目标及规划而达成目标的方案中时，这个过程才能达到最佳效果。然而，这个过程同样需要逐步引导。我们可能先自己为学生设定目标，接着与学生共同设定，最后让学生独立设定自己的目标。无论采取哪种方式，高效设定目标的特点都是一致的。

（1）我们为学生设定的目标或学生自己设定的目标必须是有意义且必要的。目标应与学生的成长点紧密相连。而为学生已经精通的技能制定目标是无益的，因此我们需要与学生共同努力，从初步评估中挖掘证据，并对其进行深入分析，去研究这些证据究竟透露出哪些潜力与挑战？

（2）目标需具备特定性、可衡量性、可实现性和现实性。设定过于宽泛的目标可能导致注意力和动力的缺失。比如，“提高数学水平”这个目标就缺少了实现所需的可实现性和可衡量性。而且，这到底意味着什么？如果学生的目标是“在分数加法计算中，利用乘法表来核对公分母”，那么这个目标就是特定的、可衡量的、可实现的，同时也是现实的。

（3）对于目标而言，我们需要一套有效的记录和展示系统，将目标置于显眼的位置。如果我们设立了目标但之后对它视而不见，那这个目标很快就会被遗忘。可以在我们的互动笔记本中、书桌上、阅读文件夹里或教室后面的学生成长图表上将目标记录下来，这样目标会时刻出现在我们和学生的视野中。

（4）我们必须制订一个计划来实现目标。设定目标是一方面，制订实现它的计划则是另一方面。就像建筑师绘制蓝图和规划楼层的电路和管道布置一样，学习计划帮助我们识别支架搭建的位置。高效的目标设定需要我们为目标实现制定详尽的计划。最有效的计划是那些能让学生识别并反思他们所感知的障碍或挑战的计划。这样不仅能指明支架的位置，也能指示我们何时应该逐渐移除支架，增强学生的学习责任感。

（5）最后，高效的目标设定还包括监测进度和定期回顾目标进展的机制。无论是通过师生会议还是学生间的相互交流，对进度的监控能使我们及时调整支架的支持程度，将支架转移到更合适的位置，或者在适当的时候完全移除。

当学生参与制定自己的目标并规划实现这些目标的策略时，这一流程的效果为最佳。

互助学习

请思考一下高效的目标设定的五大特性。在下方空白区域详细阐述五大特性与前几章观点之间的联系，它们之间有着怎样特殊的关系呢？

1. 心智模式。

2. 证据。

3. 设置目标。

4. 支架学习。

5. 淡出。

6. **增加学生的责任感。**

为了支持设定目标的流程，我们提供了 3 个模板供你使用，你可以根据需要更改模板内的标题或特定分类。在这项工作中，你所在学校和课堂上的教学用语在整个过程中也应保持统一。但请注意，这并不意味着你必须完全照搬模板中的用语。即使模板中使用了特定的术语，你也可以根据自己的情况进行调整，关键是在你的学校和课堂中保证用语的一致性。

在设定目标的过程中，你可能需要构建支架。这意味着你可能需要先从模板中移除某些部分，待学生在自我反思、自我监控和自我评估方面的能力增强后，再逐步添加进去。

你所在学校和课堂上的教学用语和在这项工作中的用语必须保持统一。

在学习下一章前，请稍作停留，思考一下你已经学到的内容。设定目标与支架学习的根基紧密相连，更侧重于支架学习的特征。

请回顾前文关于支架学习的基础内容。在空白处写出在构建和传达心智模式中强调的基本原则。

然后，回到支架学习特征的部分。记录下那些在设定目标过程中被凸显的特征。

总结

我们特别强调目标设定在实施支架学习中的重要性，这正是我们通过支架学习所导向的内容。当我们与学生共享目标，且学生知道成功是什么样子时，他们更有意愿投入时间和注意力去努力学习。同时，拥有明确目标的学生往往更能吸收并应用我们提供的支架学习建议，从而更深入地学习。

模板一：设定目标沟通会

学生姓名：
日期：
概述初始任务评估：

基于初始测试，你的优势是什么？	基于初始测试，你的成长机会是什么？
你下一步的学习计划是什么？	我下一步帮助你学习的计划是什么？

学生签名：________________　　日期：________________

模板二：实现目标的计划

我的目标是什么？	我为什么选择这个目标？	我怎样对自己负责？

实现目标过程中我会遇到哪些潜在阻碍？	实现目标过程中，我会需要哪些资源？

我实现目标的步骤：

模板三：目标跟踪表

姓名	检查节点							
	节点 1 日期： ________	节点 2 日期： ________	节点 3 日期： ________	节点 4 日期： ________	节点 5 日期： ________	节点 6 日期： ________	节点 7 日期： ________	节点 8 日期： ________

自我评估

在进一步学习之前，请思考一下本模块的成功要素。你会看到，这些要素已从“我们能够”的陈述句转变为“我能吗”的疑问句。那么你有信心已经掌握了设定目标吗？请用涂色的方式做自我评估，涂满的方格越多表示越有信心。同时，你需要写出做出判断的依据。

成功要素	自我评估	依据
我能详细描述设定目标的流程吗？	□□□□□□□□□□	
我能辨识出高效设定目标的核心原则吗？	□□□□□□□□□□	
我能与学生协作，共同为他们的学习设定目标吗？	□□□□□□□□□□	

第六章 刻意练习

学习目标	成功要素
我们将会学习练习与支架学习的关联	当我们达到以下要素时，我们就成功了。 1. 能够深入分析和比较各种不同形式的练习 2. 能够解释有效成功与无效成功，以及有效失败与无效失败之间的区别 3. 能够详尽地描述出有效刻意练习过程中的 3 个核心特征 4. 能够灵活运用各种策略，激发学生对刻意练习的兴趣和热情

练习在支架学习中的作用是什么？以下问题可以帮助你思考：

（1）哪些类型的练习有效果？哪些似乎不奏效？

（2）学生们需要进行多少练习，才能掌握一项技能或概念？

回顾一下书中之前的示例。例如，重温一下我们在第一章中强调的教孩子骑自行车的情景。你也可能自己构思了一个或几个任务。你有注意到练习在其中扮演了什么角色吗？对于学习骑自行车的孩子而言，他们首先需要在他人的辅助下进行练习，然后逐步过渡到独立练习。你所选定并分析的情景可能同样如此。练习是学习过程中的关键环节，为了逐步减少支架支持，练习是必不可少的。在支架学习工作模式中，练习扮演了极其关键的角色。

花点时间，凭记忆快速画出支架学习运作模式的示意图。画完之后，翻回到第三章的图 3.1，看看你画得如何。如有需要，对你画的图进行修改或完善。

练习的作用

我们为学生搭建的教学支架基于我们要求他们参与的实践以及他们是否真正参与了这些实践。我们知道，在教育界，“练习”这个词可能会引起争议。它常常与机械式的作业、反复无聊的问题或焦虑感紧密相连。而且，一些练习活动被用来打分而非提供反馈，这实际上削弱了它们作为练习的价值。然而，在考虑练习时，我们需要明白两个要点。

第一，练习创造的是持久性，而非完美性。如果学生在练习中沿用错误的方法，他们就会学到错误的做法。因此，我们需要为学生设计并提供恰当的练习机会。在缺乏必要支架的情况下，练习无法有效推动学习，也难以实现逐步撤销支撑的目标。

第二，不同类型的练习效果迥异。接下来，我们将探讨三种不同的练习场景。

场景一：每个清晨，一群学生会聚集在学校的多媒体中心下棋。他们会轮流交换对手，从清晨第一辆校车到达开始，一直到上课铃响，这段时间里，他们就在那里享受国际象棋带来的乐趣。

场景二：赞马里（Zamari）从不在早上随意挑选对弈的对手。他特意挑选那些棋艺高超且能经常获胜的对手。他希望减少胜出的步数，所以在对弈中，他会仔细研究对手的招数，并在每场对局后深入反思。他还会在对局中提问，试图了解对手的战略思维。

场景三：艾娃（Ava）的叔叔是位资深的国际象棋选手，虽然没有名列前茅，但对于艾娃来说无疑是专家级别的人物。她的叔叔会设置多种棋盘布局，分析艾娃的应对策略和走棋。他不仅是她的教练，还传授了她在不同棋局中的技巧和策略。

在下方空白处，分析这三种场景的异同点，你有何想法？

相同点	不同点

我们之前探讨的三种场景，实际上对应着三种练习方式：朴素练习、有目的练习和刻意练习（Ericsson & Pool，2016）。请根据你的经历和给出的定义，为每一种练习方式写出具体实例。

练习方式	定义	我的例子
朴素练习	机械式操练，无须目标的任务重复行为	
有目的练习	有目标导向，集中精力，包含反馈并具有挑战	
刻意练习	除了有目的地练习，刻意练习还涉及明确地练习专业技能，以及教师提供的指导性活动	

请再次思考之前的 3 种下棋的场景。根据每个场景的描述，为它们进行练习方式的分类。

场景一：

场景二：

场景三：

思考一下你在学校或课堂中给予学生的所有练习机会。如果这些机会加起来占100%，那么朴素练习、有目的练习和刻意练习分别占据了多少百分比？以下是一个参考示例。请在下面的空白区域展示你的答案。

我们的例子：

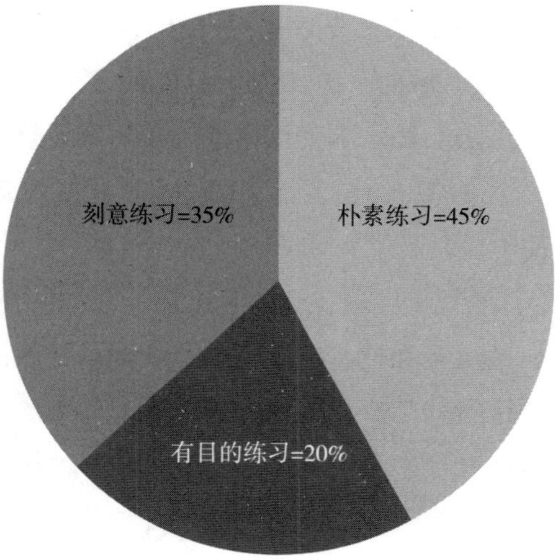

你的回答：

练习和支架学习

为了搭建练习和支架之间的桥梁，我们不妨以运动员的练习为例。你我与塞雷娜·威廉姆斯（Serena Williams）或嘉比·道格拉斯（Gabby Douglas）之间的差距是显而易见的。作为体育运动的业余选手或休闲爱好者，我们往往进行的是朴素练习，并且可能只是在周末进行这项运动。虽然我们可能喜欢这项运动，但我们通常不会以目标为导向，也很少有意去发展除享受运动外所需的专业技能。

再来看看霍拉西奥（Horacio），一名十年级学生，他对网球充满热爱，打算未来在大学里继续打网球。他不仅是高中网球队的成员，还参加了当地娱乐中心的俱乐部。他有明确的目标，非常专注于提升网球技能。他让同伴为他的比赛录像，以便他可以观察自己的表现，分析自己的决策和技术发挥情况，找到需要改进的地方，从而提高自己的技能。换句话说，他进行的是有目的练习。此外，他了解专业选手的方法，并且他的教练会为他提供特定的指导来帮助他发展所需的技能。因此，教练为他量身定制了练习模式，以便提升这些技能。那么在这种情况下，霍拉西奥正在做的是刻意练习。

正如埃里克森（Ericsson）和普尔（Pool）在2016年所强调的，在有目的地练习（个人极力推动自我提升的练习）与既有目的又受到指导的练习之间做出了明确的区分。尤其需要注意的是，刻意练习是以顶尖表演者的成就为依据，并基于对这些专家如何超越常人的理解来进行指导的练习。这种练习具有目的性，可以明确知道自己的目标所在及努力方向。

请回顾本章开始时，你对以下问题的回答。

（1）哪些类型的练习有效果？哪些似乎不奏效？

（2）学生们需要进行多少练习，才能掌握一项技能或概念？

在了解了三种不同类型的练习后，请使用不同颜色的笔或铅笔来修改你之前的答案。你会在回答中增加什么内容？根据你对朴素练习、有目的练习和刻意练习的新理解，有哪些内容可能需要修改？

促使学生参与刻意练习

刻意练习对于通过支架学习逐步减少教师辅助措施并增强学习者的责任感至关重要。关于刻意练习的研究十分丰富。例如，在三项元分析中，共有 161 项研究，涵盖了 13689 名学生、产生了 316 种效应（数据来源：visiblelearningmetax 网站）。综合来看，这些研究的平均效果量达到 0.79，表明这种练习方式具有显著提高学生学习效率的潜力。

但是，学生很少进行刻意练习。这其中的一个原因是，提供给他们的许多练习机会或任务只需要进行朴素练习（例如，只是不断阅读、做更多题目、回答更多问题、持续练习上篮，或如先前提到的持续下棋）。另一个原因是，刻意练习具有一定的挑战性。学生可能会有意避免刻意练习，转而选择更加舒适、挑战性较小的朴素练习。当学生只是为了迎合教师而走过场，他们将无法领会刻意练习的强大效果。正如我们接下来要看到的，设定目标、挑战自我舒适区、对反馈做出反应、理解专家级别的表现、接受挑战，这些都是刻意练习的重要方面，这种练习需要依靠支架学习进行。那么，我们怎样才能增加刻意练习的机会，并激励学生参与其中呢？

激励学生参与刻意练习

花点时间回顾一下以往的练习机会，特别是成功的刻意练习机会。换句话说，是学习者参与并从中受益、推动他们学习进步的刻意练习机会。这些机会与那些失败的机会有什么不同？请在下面写下你的回答。

如果想要寻找如何激励学习者进行练习的研究，我们不妨就近观察学校的体育馆。这方面的研究成果在体育教育上已经相当成熟。布洛克（Block，1995），哈斯蒂（Hastie，2013）等人以及Tjeerdsma（提尔德斯马，1995）的研究强调了练习任务激励学习者参与刻意练习的三个特征：

- 以成功为导向
- 支持自主性
- 适应发展需求

我们来详细探索这些特征。

1. 以成功为导向。

如果学习者没有体验到成功，他们将很难找到动力去特别地进行练习，尤其是刻意练习。如果学生从未尝到成功的甜头，那我们就无法指望他们能把刻意练习与学业上的进步联系起来。因此，我们必须打造并提供能让学生感受到成就感的刻意练习机会。

在第四章中，我们确定了达到学科、技能和理解能力熟练或精通所需的关键信息。因此，我们可以为特定的学习体验或活动建立一个清晰的心智模式。与此同时，我们也留意到了一些未包含在心智模式中的要素。现在，请你回顾一下那些没有包括在心智模式要素中的例子。为了帮助你思考，我们也提供了一些例子（表6.1）。

表6.1 心智模式各要素案例补充

构建有力的数学论证	搜集令人信服的科学证据	运用文本特征进行深入理解	对比同一事件的不同历史描述
1. 问题的类型 2. 论证的呈现方式（例如，书面或口头） 3. 学习体验或任务是单独完成，与伙伴合作还是在小组中进行	1. 具体的科学问题 2. 数据组织的具体方法 3. 证据收集的方式 4. 数据及其备选假设的解释方法	1. 具体的文本 2. 用于确定证明的具体策略 3. 分享概述和证明的方法	1. 具体的历史事件 2. 可用的历史资料 3. 可用资料的文本复杂度 4. 信息整理的方法 5. 比较和对比任务的组织方式 6. 分析结果的呈现形式

如你所知，我们的蓝图或心智模式中未涉及的要素与其中所涉及的内容同等重要。这些心智模式的方面不仅是留给学习者的个性化和独特选择，也是我们能够调整和改善以提高刻意练习成效的关键领域。

接下来的表格描绘了我们设计的4种学习活动或任务，以及我们怎样通过蓝图或模式中未包括的要素，为学习者提供体验成功的良机。想一想，在刻意练习过程中，可以怎样增加成功的体验？我们已经为你做了一个示范。

运用所学

学习活动或任务	提升刻意练习成效的方法
构建有力的数学论证	1. 灵活变换问题类型：调整数据或文案，帮助学生顺利攻克难题，进而更专注于锻炼论证能力；这能有效避免难度过高导致学生丧失学习动力 2. 多样化论证展示方式：让学生集中精力于论证内容，而非其形式；这样可以防止论证展示方式减弱学习动力 3. 鼓励协同合作：通过同伴间的互相帮助和鼓励来增强学习效果；社交互动会进一步提高学生的学习积极性
搜集令人信服的科学证据	
运用文本特征进行深入理解	
对比同一事件的不同历史描述	

现在轮到你了。回顾你之前提供的学习体验或任务，思考一下，那些未被纳入我们蓝图或心智模式的要素，你会怎样利用它们来提高成功概率呢？用下面的模板来梳理并记录你的想法。

学习体验或任务	提升刻意练习成效的方法

2. 支持自主性。

刻意练习的关键在于激发学生的主动参与和自我掌控能力。学生若能做到以下 6 点，那么他们将更乐于投身于刻意练习之中。

（1）在众多任务中做出选择。

（2）量身定制自己的练习内容。

（3）在练习过程中及之后得到反馈。

（4）自行衡量个人的进步。

（5）敢于尝试更高难度的任务。

（6）与同学共同学习和探索。

回到我们的四个学习体验或任务，让我们来个头脑风暴，为学生提供提升刻意练习成效的方法。如前所述，我们为你做了一个示范。

学习体验或任务	提升刻意练习成效的方法
构建有力的数学论证	
搜集令人信服的科学证据	1. 学生可以从多种科学现象中选择一个来进行研究和分析证据 2. 学生有权自行决定以何种方式展现他们的研究成果，如计算机演示或制作海报 3. 学生可以运用 Loom、Flipgrid 等技术手段来呈现他们引人注目的科学成果
运用文本特征进行深入理解	
对比同一事件的不同历史描述	

现在试着将这些应用到你的学习体验或任务中。再次回顾你前面提供的学习体验或任务。那些不在我们的设计蓝图或心智模式中的要素，我们怎样利用它们来增强学生的自主性？请使用提供的模板来整理和记录你的想法。

运用所学

学习体验与或任务	提升刻意练习成效的方法

3. 适应发展需求。

最后一个关键特性是适应发展需求。无论是调整用于构建论点的问题类型、提供科学现象的选择、提供不同的文本，还是允许选择特定的历史事件，每种做法都必须适合学生的发展阶段。数学问题不应太难，以至于超出学生的能力范围。科学现象必须保证特定年龄段的学生能安全探索。文本的难度必须与学生的阅读水平相匹配。历史事件必须适合学生的年龄段（比如，大屠杀的场景可能不适合二年级学生，但对高中生来说则可能适合）。

下方列出了我们的 4 种学习活动或任务，以及我们怎样使用蓝图或模式中未包括的内容来为学习者创造成功的体验。试着想出办法确保刻意练习环节符合学习者的发展阶段，以此来增加在这些练习环节中成功体验的机会。我们已经为你示范了一个例子。

学习活动或任务	提升刻意练习成效的方法
构建有力的数学论证	
搜集令人信服的科学证据	
运用文本特征进行深入理解	1. 确保文本的难度适合学生当前的阅读水平 2. 确保学生掌握主动阅读的策略，并能够将其应用于文本 3. 确保对学生演示的期望与其年龄和所在年级相适应
对比同一事件的不同历史描述	

再一次，重新审视你的学习体验或任务。蓝图或心智模式中未包含的那些特征，我们如何调整以确保它们符合学生的发展阶段？请使用下面的模板来记录你的想法。

运用所学

学习体验或任务	提升刻意练习成效的方法

刻意练习被视为学习的最佳途径。然而，那些聚焦于待改进区域的练习，初期往往伴随着失败的可能性。随着我们对支架的调整，无论是移动、加强还是移除，学生可能会在成功与失败之间摇摆不定。但不是所有的失败都意味着灾难，正如并非所有的成功都代表终极成就。我们会根据失败与成功的不同类型，对练习任务进行调整，以增加成功率、提高自主性和符合发展适宜性的机会。

正如 RCA 大厦上频繁地调整支架的位置，基于学生的成败情况不断地调整教学支架也是必要的。在刻意练习和支架设置中，失败与成功扮演着怎样的角色呢？

并非所有失败都是负面的，并非所有成功都是正面的。

有效失败与有效成功

实际上，正如我们在后续章节中将看到的，我们的目标是为学生提供既有目的性又有刻意性的练习方式，同时淘汰那些缺乏思考的朴素练习。当学生参与这类练习时，支架学习能够保持他们的参与和动力。如果练习难度过高且没有适当的支持，这就好比让一个初次尝试骑车的学生，在没有辅助轮的情况下就挑战在高速公路骑行。支架学习的目的在于让学生在练习中体验到有价值的成功经历和有益的失败经验（Kapur，2016）。接下来，请将下面左侧列出的 4 种可能的学习场景与右侧的相应条件进行匹配。

A. 无效失败	无引导地解决问题
B. 无效成功	结构化地解决问题
C. 有效失败	借助已有知识探求答案，接着接受更深层次的指导
D. 有效成功	死记硬背算法，却不理解其根本原因

在这 4 种场景中，无效失败所带来的学习收益最少，因为在这种状态下，学生的思维没有得到任何方式的指导。他们只是被期待去自行探索应当学习的内容。无效成功同样效果有限，因为这种情况下，学生仅依赖于记忆，却从未深入理解其应用场景（就像一只小鸟，等待被喂食已经提前咀嚼好的食物）。这样导致无法进行知识的迁移。

再次回顾之前的匹配练习，确保你已经完成了配对。

现在我们来讨论那些有益的学习场景：有效失败和有效成功。卡普尔（Kapur）在 2016 年的一项研究中解释，有效失败和有效成功之间的差别虽然微妙，却极为关键。有效失败的目的是为后续的教学打下基础。因此，即使学生一开始没能成功解决问题，也不必担心。而与之相对，有效成功的目标则是通过解决问题的过程本身来进行学习。

基于卡普尔的模式，我们构思了 4 种可能的学习场景及其影响（表 6.2）。有效的支架学习需要融合有效失败和有效成功。我们利用有效失败揭示学生之前未察觉到的问题，接着又为其提供相应的支持。卡普尔认为："教师的首要任务并非直接教授。教师的首要任务是帮助学生觉察问题，并向他们展示。"

有效的支架学习需要融合有效失败和有效成功。

表 6.2　4 种可能的学习场景及其影响

学习场景	无效失败	无效成功	有效失败	有效成功
学习事件的类型	在没有进一步的教学指导下去解决问题	死记硬背，缺乏概念理解	使用先前的知识去解决未成功的或次优问题，随后跟进指导	使用先前的知识引导问题解决并为成功而规划任务
学习成果	因挫败感而放弃学习	在不了解其目的或相关性的情况下完成任务	从错误中学习并确保学生坚持生成并探索表征与解决方案	通过支架式练习巩固学习内容
对……有用			进行深度学习和知识迁移	浅层地学习新知识并将其牢固地与之前的知识相联系
削弱……	自主性和动力	设定目标和寻求挑战的意愿		
促进……			使用认知、元认知和情感策略	技能发展和概念获得

来源：Frey et al.（2018）。

互助学习

在同事的课堂上做一次观察，看看哪些任务与卡普尔描述的 4 种成功与失败情景相吻合，并分享你的看法。与同事共同探讨，分辨出最有助于学生学习的任务。

无效失败	有效失败
无效成功	**有效成功**

总结

刻意练习可以让学生体验成功与失败，这都是他们学习道路上的宝贵经验。只有学生真正参与到练习中，我们才能为他们提供支架支持。我们同样专注于刻意练习的若干关键方面，这些方面若经周全考量，可使我们要求学生完成的任务变得更有意义。这些关键方面包括注重成功如何支持他们的独立性以及如何确保任务与学生的发展水平相匹配。

自我评估

在进一步学习之前，请思考一下本章的成功要素。你会看到，这些要素已从“我们能够”的陈述表达转变为“我能吗”的疑问句。那么你有信心已经掌握了刻意练习吗？请用涂色的方式做自我评估，涂满的方格越多表示越有信心。同时，你需要写出做出判断的依据。

成功要素	自我评估	依据
我能够深入分析和比较各种不同形式的练习吗？	□□□□□□□□□□	
我能够解释有效成功与无效成功，以及有效失败与无效失败之间的区别吗？	□□□□□□□□□□	
我能够详尽地描述出有效刻意练习过程中的 3 个特征吗？	□□□□□□□□□□	
我能够灵活运用各种策略，激发学生对刻意练习的兴趣和热情吗？	□□□□□□□□□□	

第七章
前端支架

学习目标	成功要素
我们将会学习前端支架的设计与应用方法，旨在更好地链接知识，让更多的学生受益	当我们达到以下要素时，我们就成功了。 1. 能够定义前端支架的意义和目的 2. 能够识别那些在应用前端支架时易犯的失误 3. 能够应用通用设计学习原则来减少对某些前端支架的需求 4. 能够审慎地为文本选择并呈现适宜的前端词汇支架

你会如何定义前端支架？以下问题可以帮助你思考。

（1）为什么要预先设置一些支架？

（2）你认为何时采用前端支架是合适的？何时又不合适呢？

回到书中偶尔使用的建筑比喻，现在考虑一下施工的准备流程。一个关键阶段是土地勘探，以确定浇筑地基前的环境。两个关键点是土壤水分吸收和土壤的承载力。仅仅有优质的混凝土和地基承载是不够的，还需要考虑土壤会如何影响地基的建设。

对于负责任的教师来说也是如此（尽管他们可能不戴炫酷的黄色安全帽），但是他们知道，单有扎实的课程是不够的。他们必须预测学生对教学的反应如何，学生是否能够吸收知识，是否有扎实的基础。就像工地的准备工人那样，为了确保教学成功，他们会提前对学生进行评估并依此做出必要的调整。

前端支架

为了帮助学生为即将学习的内容做好准备，我们会在教学前使用一种叫作前端支架的方法。制定这种方法时，我们会参考多种信息并进行初步评估，如学生的先决技能和他们已有的背景知识。对于一些有特殊需求的学生，前端支架会在个体化教育计划（IEP）或 504 计划中作为调整措施，以更正式的方式去实施。对于多语种的学生，前端支架还会作为一种语言辅助工具。不论哪种情况，前端支架都只是暂时的，设计的目的是在未来几周或几个月内逐渐减少支架支持。需要注意的是，前端支架与长期并深入改变学生学习内容的课程调整是不同的（见表 7.1）。

表 7.1　前端支架与课程调整的对比

前端支架	课程调整
具有临时性且只在需要时使用	具有长期性，且模式固定
由年级或课程标准所决定	按照标准改变年级水平或课程目标
为链接更复杂的测试或任务所设计	为个人具体需求定制
由教师决定	由 IEP 团队决定

前端支架是指在教学活动开始前帮助学生为学习做好准备的一种方法。

沃德等人在 1976 年的研究中指出：支架学习是为了满足沃德等人描述的六大功能中的三大需求：激发兴趣、简化任务和突出重点。有些支架是为了了解学生现有的技能和知识，便于学生更容易融入学习。例如，将一篇文章分成几段，就是为了简化阅读任务。

另外，有一种著名的前端支架方法叫作“互惠教学”（Palincsar & Brown，1986）。4 位学生共同阅读一篇由教师预先分段的长文，这就提供了一种前端支架。读完每一段后，他们会提出问题并展开讨论、进行总结和预测，然后继续阅读下一段落。也包括其他的前端支架方法，例如使用图形或为多语言学习者提供实物，可以帮助学生更好地理解关键内容。

这本书每章开始时列出的学习目标其实就是这样一种前端支架模式，显然你已对此了然于心。它为学生提供了一个关于即将学习的内容预览，并帮助他们评估自己的学习进度。这种方法能够帮助学生更快地学习。

由约翰·海蒂（John Hattie）创建的“Visible Learning®”数据库显示，明确学习任务对学习的影响因子为 0.51，这远远超过了平均值 0.40。而明确评价标准的影响则更大，为 0.88。但值得注意的是，这些方法虽然很有效，但它们并不是固定不变的，而是会随着课程内容的改变而改变（Almarode et al.，2021）。

前端支架教学

前端支架教学（EL Education）是哈佛大学研究生教育学院与美国外展训练学校（Outward-Bound USA）之间合作开展的一个项目，它强调了在学生开始阅读复杂文本之前应该进行的前端支架指导活动。项目组给出了以下实用的方法：

（1）通过建立学习目标，帮助学生明确阅读的重点。

（2）使用视觉线索助力学生了解目标。

（3）标识、加粗并在边注解释文中难以通过上下文推断的词汇。

（4）将冗长的阅读材料切分成短小的段落（例如，使用索引卡把文章分成各部分），这样学生可以集中精力逐段阅读。

（5）教师先大声为学生朗读。

（6）提供教师朗读的录音或视频，供学生按需回放。

（7）针对长篇阅读提供一个读书计划表，帮助教师和家长合理规划阅读进度。

（8）为部分学生提前标出文中的重要信息，帮助他们重点复习。

（9）避免让学生抄写答案，如果确实需要，比如定义词汇，则在讲义或其他学生材料上提供必要的内容。

你平时最常使用哪种方法进行前端指导？

审慎提供前端支架

前端教学支架的过度应用可能会导致学生失去真正获得成功的机会，同时也减少了他们面对困难时的挑战机会。教师可能在此过程中犯下两个普遍的错误：

（1）为全班学生提供过多的教学支持，而实际上只有部分学生真正需要。

（2）为一篇阅读材料准备过多的生词，这可能超出了学生的认知能力。

运用所学

请回顾第六章所讲的"有效失败"与"有效成功"，以拓展你的思考。

（1）过多的教学支持是如何妨碍学生取得有效成功的？

（2）过多的前置词汇如何导致有效失败？

避免因过度使用前端支架学习辅助而导致的错误。支架学习旨在帮助学生解决即时的学习问题，但学生们的需求却是多种多样的。纳特豪尔（Nuthall）在其研究《学习者的隐秘生活》（*The Hidden Lives of Learners*）中，他让学生实时反馈当前正在学习的内容是已知还是新知。他发现在 40% 的时间里学生们已经知晓了教学内容。当然，学习内容不总是全新的。事实上，教育的一个公理是我们不断地从已知走向新知，但 40% 这个数字仍然令人震惊。更为关键的是，学生们对已知的内容并不总是重叠的，一些学生知道 x，而另一些学生知道 y。

为了弄清楚这些差异，我们可以通过简短的评估来了解学生的掌握程度。例如，几何老师在教三角形和相似性这一章节时，可以使用预习指南来进行评估（见表 7.2）。这样做有两个好处：一是学生可以通过这种方式回顾学过的知识；二是教师可以知道哪些学生已经有了基础知识，哪些还没有。了解这些后，教师就可以为那些需要的学生提供前端支架指导，帮助他们掌握基本技能。

表 7.2　关于三角形相似性的几何预习指南

之前		陈述	之后	
正确	错误		正确	错误
		直角三角形斜边最长		
		勾股定理中，斜边可以用 a、b、c 表示		
		直角三角形中两条直角边的夹角是 90°		
		直角三角形中长度最短的边应当被标记为 a		
		$a^2 + b^2 = c^2$		

说明：阅读每个陈述，如果陈述为真，则标记 T（True）；如果陈述为假，则标记为 F（False）。请准备好解释你的填写理由。

前端教学支持的过度应用可能会导致学生失去真正获得成功的机会，同时也减少了他们挑战困难的机会。

避免超出认知负荷。教师在学生阅读复杂文本之前经常为他们提前准备一些词汇。这一步的完成需要在阅读前讲解不熟悉的词汇和短语的定义。有证据表明，对于多语言学习者（Lesaux et al.，2014）以及那些尚未达到预期阅读水平的人（August et al.，2009），教授提前准备词汇可能是有用的。事实上，我们将在本章的后面部分回到教授前置词汇的技巧上。

但我们不要忘记学习者的认知负荷。我们见过太多的课程中教师试图前置十几个或更多的词汇术语。如此多的不熟悉的词汇和短语很可能压垮了学生的工作记忆（在过去的几十年里，这被称为短期记忆）。一般认为，在给定的时间内我们的工作记忆可以保留大约五到九项需要记忆的内容。现在再加上复杂的阅读任务及其对工作记忆的额外负荷，学习者必须在解读文本和学习句法知识之间权衡，以及结合文本背景和词汇，以理解全文。一次性讲授太多学生不熟悉的术语最终很可能导致学习者的认知过载（Sweller，1988）。换句话说，大脑一次能做的事情数量有限，我们需要选择性地要求大脑完成任务。

探索学习的隐秘面

我们每个人都曾在学习的过程中遇到过这两种错误：无意义的支架和认知过载。请回想你曾经历这种状况的时刻。当时的情景是怎样的？这又对你造成了怎样的影响？你会如何建议那位教师或导师来优化他们的教学方法？

经历的情景	对你的影响	你会给予哪些建设性的和有助于个人成长的建议
你曾经历的不必要的前置支架：		
你曾经历的认知过载：		

通用学习设计

通用学习设计（Universal Design for Learning，UDL）是一套为课程开发和教学提供指导原则的方法，可以减少不必要的支架和课程修改的需要。由于学生之间存在差异，他们在学习中的表达、互动和参与方式也会有所不同（CAST，2018）：

1. 多种方式表达他们的内容、实践和态度。
2. 多种方式表达他们的学习。
3. 多种形式参与学习。

这些假设本身就是一种前端支架，因为它们要求提前规划以应对变异性，而不是事后调整教学技巧。这使教师和学生的时间得到了更有效的利用。为了更好地说明这一点，我们可以回顾一下 1990 年《美国残疾人保护法》（Americans with Disabilities Act of 1990，ADA）的实施过程。当 1990 年法案被通过时，许多现有建筑的建筑特征都必须进行改造。为了便于轮椅的出行，必须安装路缘切口、加宽的门道和为盲人或聋人准备的紧急指示。但 ADA 中关于建筑设计的规定意味着新建筑在设计之初就包含了这些功能，其成本远低于那些需要改造的建筑。UDL 在课程设计和教学方法上也采取了类似的策略，强调从一开始就考虑到不同的学习需求，而不是事后再进行调整。比如教材选用时需提供盲文版供视力有障碍的学生使用，同时使用闭路字幕以支持有语言需求的学生。表 7.3 中的许多内容都涉及减少前端支架的需要。

表 7.3　通用学习设计指南

侧重	提供多种参与方式 （情感网络） 学习“为什么”	提供多种表示方式 （认知网络） 学习“是什么”	提供多种行动和表达方式 （策略网络） 学习“如何做”
途径	为吸引兴趣提供选择： 1. 优化个体选择和自主权 2. 优化相关性、价值和真实性 3. 减少威胁和干扰	为感知提供选择： 1. 提供优化显示信息的方法 2. 提供听觉信息的替代方案 3. 提供视觉信息的替代方案	为身体行动提供选择： 1. 多种响应和导航方法 2. 优化工具的获取手段和辅助技术的访问
建构	为持续努力和坚持提供选择： 1. 增强目标和任务的清晰度 2. 提供多种需求和资源来优化挑战 3. 促进协作和团结 4. 增加以掌握为导向的反馈	为语言与符号提供选择： 1. 阐明词汇和符号 2. 明确句法和结构 3. 支持对文本和数学符号的解码 4. 促进跨语言理解 5. 通过多媒体进行说明	为表达和沟通提供选择： 1. 使用多媒体进行沟通 2. 使用多工具进行建构和组合 3. 有层次地提供支持以确保达到熟练的程度，用于练习和表现
内化	为自我调节提供选择： 1. 提升优化动机的期望与信仰 2. 优化个人应对技能和策略 3. 进行自我评估和反思	为理解意义提供选择： 1. 激活或补充背景知识 2. 强调模式、关键特性和大概念 3. 指导信息处理和可视化 4. 最大化转移和概括	为执行功能提供选择： 1. 提供适当的目标设定 2. 支持规划和策略发展 3. 促进信息和资源管理 4. 提高监控进度的能力
目标	专家型学者： 有目的性的和有动力的、丰富的资源和知识、策略化和目标导向		

来源：CAST（2018）。

（1）多种参与方式：使用学习意图和成功标准来建立目标；突出教学主题的相关性，以激活背景知识；减少干扰。

（2）多种表示方式：选择可访问的材料（视频隐藏式字幕，印刷材料的盲文版本，阅读材料应根据普遍的阅读水平进行分级）；选择提供脚注、词汇表和其他功能的文本指导读者。

（3）多种行动和表达方式：考虑学生的回应方式，包括普遍的回应机会；创建结构，以便学生可以组织他们将要学习的概念。

运用所学

想要进一步了解 UDL，你可以在 UDL 网站上浏览这张互动图表，然后点击每个单元格中列出的项目以深入了解。对于通用学习设计，你还有哪些建议？请填在表 7.4 中。

表 7.4 对通用学习设计的建议

我对多种参与方式的建议	我对多种表示方式的建议	我对多种行动和表达方式的建议

选择前端词汇支架

在阅读前有策略性地前置词汇，其目的在于消除潜在障碍，以防这些障碍严重地（显著地）影响学生对内容的理解。请注意上一句话中的两个核心词语：“有策略性地”和“严重地”。我们所说的“有策略性地”，意味着选择那些不易通过上下文或单词的构造特性来理解的单词和短语。以“galaxy（银河系）”这个词为例，这个词无法通过结构分析来理解，所以你不能将其分解成更小的词素来确定其词义。但是，在一篇关于太阳系的阅读材料中，“galaxy”可以通过查找上下文线索，如定义和实例，来理解该词义。相比之下，“天文学（Astronomy）”是一个可以通过结构分析解锁的术语，因为 astro- 指的是星星，-nomy 表示它是对某事物的研究。但是，如果结构分析技能超出了读关于银河系的学生的当前知识水平，那么“astronomy”可能就是一个需要提供前端支架的候选词。

布尔（Buehl）在 2017 年的研究中提到“前端支架所关注的是假设性知识，即作者期望读者已知的知识。如果这些知识没有被掌握，它就会阻碍理解”（p.65）。这让我们想到了第二个词：“显著地（Significantly）”。就因为它是一个学生可能不熟悉的词，并不意味着它在阅读中的重要性会增加。例如，在《赐予者》（*The Giver*）（Lowry，1993）的第一章中，“束腰外衣（tunic）”这个词仅出现了一次。在这篇故事的背景下，它并不重要（尽管它是在讨论古希腊服装的段落中），了解其意义可能更为重要。

前置词汇支架的技巧

毫无疑问，词汇应基于文本进行教学。将词汇单独拎出来作为记忆一系列无关术语的练习，只会导致无效的成功。当你选定了需要前置加载的词汇后，分析它们是否能在形态学方面（如词根和词缀）找到关联，同源词对于多语言学习者来说特别有用。例如，西班牙语中的“razonable”与英语中的“reasonable”有着密切的同源关系。

达特罗（Dutro）和莫兰（Moran）在他们 2003 年的研究中，通过“砖块”和“灰浆”的隐喻描述了语言的特征。虽然单词和短语是构成语言的“砖块”，但它们是由“灰浆”黏合在一起的，“灰浆”是构造句子时使用的学术语言。例如，“因为（because）”和“比较（compare）”就是两个灰浆词。在预先教授词汇时，为了强调词汇在阅读中的用法，可以指出其出现的句子，并提供另一个它在口语中的使用示例。如有必要，进一步提供词汇的其他形式来扩展学生的知识。例如，预先介绍“decision（决定）”时，你可能希望包括“decide（决定）”和“decisive（决定性的）”等其他词形。

其他一些预先教授词汇的方法还包括对视觉信息加以充分利用。通过使用视觉提示，例如，图形组织或指导性笔记，来加强对词汇的初步教学。这些可以是用于阅读指导的形式，比如在为八年级学生开始美国宪法入门阅读前使用的阅读指南。教师在阅读前介绍了关键词汇，强调了词汇在文章中的位置，并用原始句子举例说明这些词汇的用法。学生利用引导式笔记将词汇（如“修正案”“宪法”“立法”“后代”“安宁”）与其对应的定义一同记录下来。还可以通过使用实物、照片或插图来加深他们对词汇的初始理解。当引入名词时，这些尤其有用。

关于美国宪法阅读引导式笔记

____________一项添加到文档中的声明
____________形成或建立组织的行为
____________与立法议会相关的
____________未来的所有世代
____________无忧无虑或不受干扰

会用到的词汇：修正案、宪法、立法、后代、安宁

多媒体在课堂教学中扮演着重要角色。使用计算机辅助教学，如演示文稿，来进一步组织词汇，以及利用听觉和视觉的渠道学习短片，都能帮助学生提前了解词汇和信息。例如，一段关于火山如何喷发的短视频可以帮助学生在阅读相关主题前建立初步的理解。表 7.5 是对本节技巧讨论的总结。但也要注意：太多的前置时间将意味着正式教学的时间减少；前置词汇应限制在必要的核心概念上，这些概念对于理解文本或完成任务是必不可少的。在接下来的部分，我们将介绍如何使用分布支架处理不熟悉的术语。

表 7.5　10 种前置词汇教学方法

方法	解释	应用
锚定文本	根据学术阅读材料的设计活动，提供听、说、读、写 4 项技能的练习机会	1. 大声朗读并解释锚定文本中的黏合词 2. 让学生聆听并重复发音练习 3. 练习阅读音素和音节 4. 让学生将文本作为写作和阅读练习的模板
同源词	明确教授学术词汇中的同源词和假同源词	1. 使用锚定文本展示同源词和假同源词 2. 制作一个列表，列出这些词在第一语言中的对应词汇 3. 鼓励学生利用同源词在第一语言中进行阅读和写作练习

续表

方法	解释	应用
黏合词	明确教授内容特定词汇（砖块词）及一般学术术语（黏合词），特别是在与特定学科内容相关联的情况下	1. 解释“砖块词”和“黏合词”的区别 2. 让学生分别列出这两种词的例句 3. 分析参考文本中两种词的应用实例 4. 利用视觉辅助工具帮助学生理解和记忆词汇
词形变化	通过研究词的各种形态丰富词汇量	1. 在锚定文本中找出跨学科的黏合词（例如，“因素”“主体”“综合”） 2. 让学生创建这些词的不同形式的列表（如单数、复数、动词形式等） 3. 练习在不同学科领域的内容中使用这些词造句
词根教学	教授常见的词根、前后缀	1. 在锚定文本中找出砖块词和黏合词的词根和结构 2. 找出具有相同词根、前后缀的其他词
计算机辅助教学	使用如 PowerPoint、Prezi 等演示工具	通过吸引人的格式、媒体片段、超链接，甚至是文本解说，展示有关同源词、砖块词与黏合词的不同词形及词素的关系
内容习得播客	利用简短的多媒体片段	1. 创建基于内容的播客，通过带有音频信息的图像帮助学生学习新词汇 2. 精选词素，并挑选一些基于文本的学术概念进行讲解
引导式视觉词汇训练	使用母语的卡片和词汇练习指导	1. 从学生处征集 4 个与学术主题相关的英语名词 2. 在两种语言中使用视、听、言、动技巧制作卡片 3. 支持母语为西班牙语的学生拓展词汇量
视觉辅助	利用图形组织工具来支持学生的自我调节和元认知能力	在合作学习、明确教学和自我调节流程中，使用单词列表、单词卡片、图形组织器和自我调节表
通过文本促进学生的理解力	通过新内容活动激活口头和书面语言输出	1. 从锚定文本中教授 5 个关键词汇 2. 在口头和书面回应中使用学术词汇 3. 促进学术讨论和书面活动的进行 4. 采取以学生为中心的方法，组织学习小组 5. 强调口头语言的产出 6. 回顾整个文本词汇教学

来源：Cuba（2020）。

互助学习

中学生物教师英格丽德·奥芬巴赫（Ingrid Offenbach）为学生准备了一个关于人体器官的教学单元，她对此表示非常期待。她说："我打算从人的视觉系统入手，着重讲解人眼的各种功能。"她计划在下周为学生开展这个单元的教学，然后进行关于眼睛的阅读课程。她的阅读材料有 3 页长，并且还有她从中选出的 16 个专业词汇，但她似乎没有为建立关联性、激活和构建背景知识制订具体的计划。你会给她什么建议呢？请将你的建议填在表 7.6 中。

表 7.6　给生物教师的建议

原则与实践	给教师的建议
UDL：多种参与方式	
UDL：多种呈现方式	
UDL：多种行动和表达方式	
认知负荷	
识别先前知识	

续表

原则与实践	给教师的建议
确定目标	
确立相关性	
使用词汇	
访问文本	

总结

前端支架是在接触内容和文献之前提供的支持。但是，对学生需求的了解不足可能导致对一些学生的过度支持，而对其他学生则造成认知负担。我们追求的理想状态是在富有成效的成功与挑战性努力之间寻找平衡，正如约翰·哈蒂所言："既不太困难，也不太乏味。"通用学习设计是减少对包括前端支架在内的支架学习需求的第一步。通用学习设计并不取代支架学习，相反，它可以帮助减少障碍。常见的前端支架通常与概念和文献有关。

自我评估

在进一步学习之前，请思考一下本模块的成功要素。你会看到，这些要素已从“我们能够”的陈述表达转变为“我能吗”的疑问句。那么你有信心已经掌握了前端支架学习的工作模式吗？请用涂色的方式做自我评估，涂满的方格越多表示越有信心。同时，你需要写出做出判断的依据。

成功要素	自我评估	依据
我能够定义前端支架的意义和目的吗？	□□□□□□□□□□	
我能够识别在使用前端支架过程中常见的错误吗？	□□□□□□□□□□	
我能够运用通用学习设计的原则来减少对某些前端支架的需求吗？	□□□□□□□□□□	
我能够审慎地为文本选择并呈现适宜的前端词汇支架吗？	□□□□□□□□□□	

第八章
分布支架

学习目标	成功要素
我们将会学习设计和提供有意义的分布支架学习，以便在学习者参与任务时为他们提供支持	当我们达到以下要素时，我们就成功了。 1. 能够定义分布支架的含义和目标 2. 能够比较即时性支架和预防性支架 3. 能够描述如何使用问题来检查我们的理解并确定我们所需的支架 4. 能够区分分布支架中提示的类型、线索、直接说明和有用的示例

如何解释分布支架？使用以下的问题来激发你的思考。

（1）谁使用分布支架？

（2）当需要使用分布支架时，你会寻找和倾听哪些信号？

（3）如何监控分布支架的有效性？

冒着过度使用建筑比喻的风险，让我们快速将分布支架与在建筑工地上使用脚手架的情景联系起来。当然，脚手架是在工人开始工作之前搭建起来的。搭建脚手架的工人和利用它完成其他工作的工人是不同的。在教育中，同一人通常使用前端、分布和后端支架，所以这个建筑的比喻只能到此为止。尽管如此，完成焊接、油漆等任务的工人不仅要依靠事先搭建好的脚手架，还要对脚手架进行必要的调整，这样才能完成任务。

在教育领域，我们把这些脚手架称为"分布支架"，即在学习过程中实施、监控和调整的支架。这些支架与在学习之前使用的前端支架不同，也不同于那些在学习任务完成后使用的支架：这是第九章将重点讨论的后端支架。

分布支架描述了通过各种工具、活动技术和环境提供的持续性支持，以提高学生的学习和成绩（Puntambekar & Kolodner，2005）。分布支架可根据个人和小组的需要，提供不同类型和数量的支持。在某些情况下，由于学生的错误和误解，教师需要提供及时性支架。而在其他情况下，教师可以提供他们在学习任务开始前就计划的预防性支架。在提前规划分布支架时，教师会注意到学生在学习某个特定内容时的常见错误和误解，以及他们以前教授该内容的经验和他们对这一特定学生群体的需求的经验。"及时性"和"预防性"这两个术语有多种定义，因为它们在供应链、库存和库存管理中都被使用。在教育支架的背景下，迪克森（Dixon）在2018年的研究中指出：

（1）在学生尝试具有挑战性的任务之前，为他们提供及时性支架。

（2）当学生的努力无果而终，或他们因无法继续前进而表现出需要帮助时，为他们提供预防性支架。

正如我们在前一章中所讨论的，预防性的前端支架如果不加选择地使用，而只是为了以防万一，这可能会降低学习的严谨性，因此应该谨慎使用。

有些指南类的图书就是一个整合了分布支架的例子，那就是加入了页边引言。这些引言旨在突出关键观点，其格式确保了它们的突出性，并帮助你组织各章节中的内容。同时，这些页边引言可以帮助你概括和综合所提供的信息。概括和总结的效应值为0.71，高于平均值，这意味着它有可能提高学习效果。在这种情况下，书中提供的引言可以帮助你列出提纲和进行总结。但是，如果你能用你自己的话来概括或总结这些信息，那么你可能会更好地记住这些信息。因此，章节中的这些交互功能为你提供了进一步整合信息的机会。

问题、提示和线索

分布支架在一定程度上依赖于教师对学生的思考的引导和支持。作为教育者，我们要倾听和观察学生，然后为他们提供解惑所需的提示。这些提示通常按照问题、提示和线索的顺序出现。适当指导学生，让他们自主进行思考，是支架学习中的重要方面。我们将进一步研讨这些分布支架的类型，但在此之前，我们首先了解一些定义。当你在支架的背景下分析这些术语时，你会想到什么？

问题：

____

____

____

____

提示：

____

____

____

____

线索：

____

____

____

____

请注意，图 8.1 展示了一个包含问题、提示和线索的支架流程图。这是对分布支架工作原理的概括。通常情况下，我们会先提出一个问题来检查学生是否理解，然后我们可能会提出更多问题来帮助学生思考。如果这些问题都不起作用，我们就会考虑使用提示，这些可以激发学生思考。如果问题和提示均无效，我们将提供线索，这些是聚焦或改变学生注意力的暗示。最后，如果上述方法均无效，我们会使用直接解释和示范来帮助学生。在本模块的稍后部分，我们将深入探讨各种提示和线索。但现在，我们将重点放在问题的使用上。

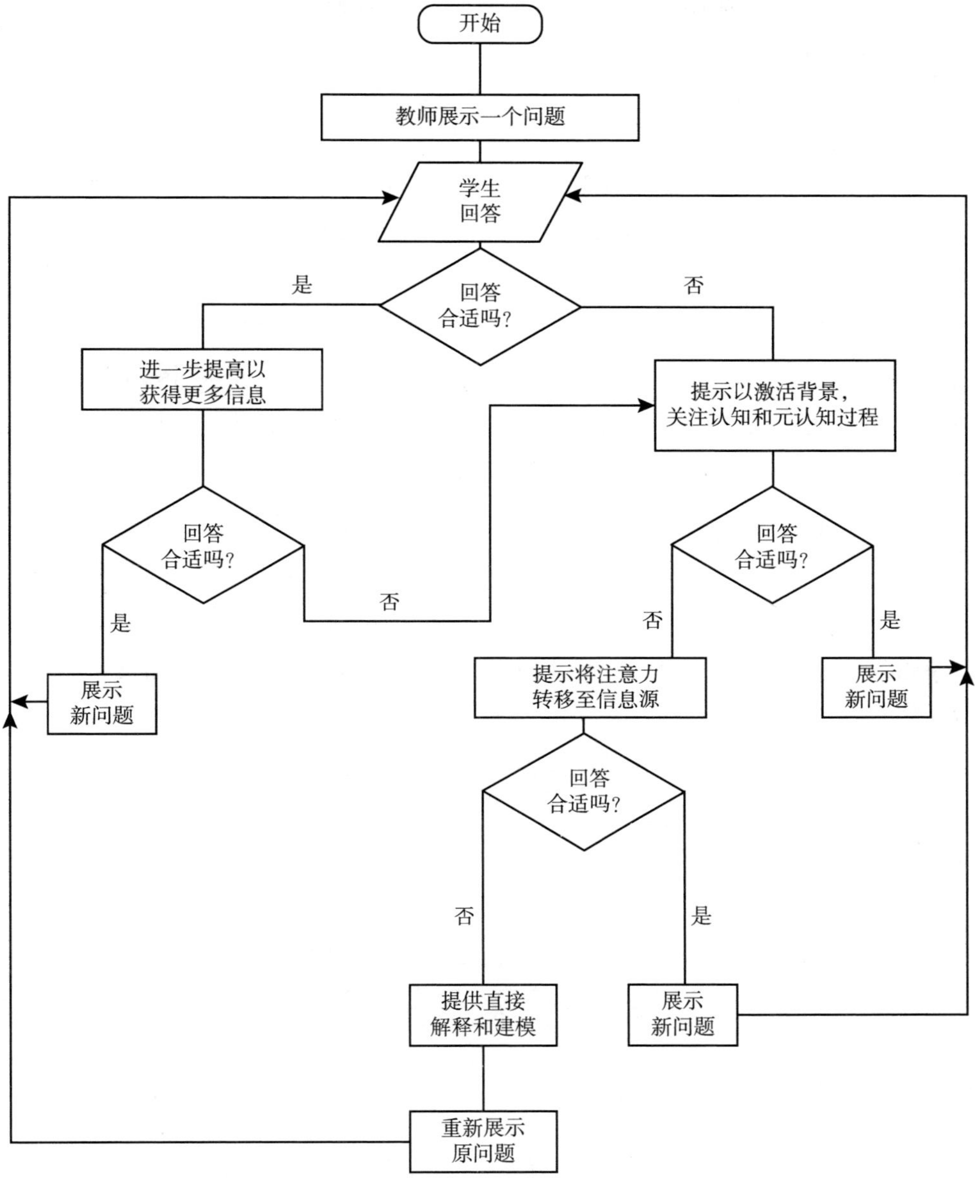

图 8.1　分布支架流程图

来源：改编自 Frey and Fisher（2010）。

引导学生已知的问题

提问题是分布支架学习中必不可少的一个步骤。它可以帮助我们了解之前的教学在多大程度上被“卡住”。换句话说，作为教师，我们要不断寻找证明学生学习的证据。

提问题的目的非常关键。仅一个疑问句并不意味着这个问题能够帮助我们检查学生的理解，因为它只是分布支架的一部分而已。某些情况下，问题是用来引导学习者的，更准确地说应该被称为“提示”。为检查理解情况而提出的问题会产生一个回答，提醒教师学生当时知道什么和不知道什么。这些问题必须是强有力的问题，其设计要在一个有目的的框架内进行，这个框架超越了卡兹登（Cazden，2001）所描述的“启动—回应—评价”（Initiation–Response–Evaluate，IRE）循环，即教师提出一个问题，得到一个回应，然后进行评价（正确或不正确），然后再继续。学生经常将IRE 描述为“猜测老师在想什么”，但这些问题对于确定是否需要分布支架的作用要小得多。

我们将检查理解的问题分为六大类，包括能诱发信息的问题、促进阐述或澄清的问题、要求学生将不同信息联系起来的问题、涉及解决问题的启发式的问题，以及能引发创造性反应的问题（表 8.1）。

表 8.1　问题的类型

问题类型	描述
诱发性问题	诱发性问题让学习者利用之前学过的概念或技能提供信息。这种类型的问题通常使用熟悉的问句：谁、是什么、何时、何地、为什么和怎么做。这些问题用于揭示错误概念和检查事实性知识
阐述性问题	在最初的诱发后，教师深入地探究学生的理解。这些问题旨在增长学生的回答时间，让他们边说边思考。通常，解释思考过程往往有助于说者和听者找出问题所在
澄清性问题	与阐述性问题一样，这些问题经常与启发性问题搭配使用，目的是进一步了解学生对于所学内容的理解。教师可以通过这些问题进一步了解学生的理解细节
发散性问题	发散性问题要求学习者整合两个主题的概念，以建立一种新的关系。在这种情况下，教师的意图是发现学生如何利用现有知识形成新的理解
启发性问题	有时，问题的重点在于学生能否形成一个非正式的解决问题的能力。启发性也被称为经验法则，是学习者在处理和解决问题时使用的方法
创新性问题	这些问题让学生运用他们所学知识来推测或创造问题。这些问题能激发学生的想象力，并且能发现是否有误解

运用所学

根据表 8.1 中对各种问题类型的描述，指出下列各种问题所属的问题类型（答案在本章的最后）。注意这些问题将用于确定分布支架，促进学生学习。

序号	问题	问题类型
1	你能告诉我更多信息吗?	
2	教师指着一个句子问:“这个句子中的动词是什么?”	
3	在哪儿能看到极光?	
4	为什么湖水是蓝色的，而玻璃杯里的水却是透明的?	
5	你能展示或解释你从哪里找到这些信息的吗? 为什么这些信息能支撑答案?	
6	如果可以，你会给《乔治・华盛顿在瓦利福吉的寒冬》提什么建议?	
7	蝴蝶与飞蛾有什么共同点?	
8	你会怎样理解这个单词的定义? 通过词的构成还是根据上下文的线索?	
9	你为什么选择这个答案?	
10	为什么内华达山脉会被称为“美国的脊梁”?	
11	你如何知道你已经没有办法来回答这个问题了?	
12	你会把这本书推荐给谁?	

在学生回答这些问题时，教师要倾听并找出错误和误解的地方。一旦被识别出来，分布支架就发挥作用了。同样在这一章中，我们关心的是学习过程中出现的支架，而不是学习体验之前或结束之后搭建的支架。

引导学生思考的提示

在分布支架的教学过程中，教师首先进行初步调查以检查学生的理解程度，并可能提出进一步的问题，促使学生延伸、阐述或澄清。当学生无法正确回答，或他们的回答只体现了对这项问题的部分理解，那么就需要更多的支架。这就需要使用提示来帮助学生专注于完成任务所需的认知或元认知过程的语句或问题。与用来检查理解的问题不同，提示的目的是促使学生进行必要的思考，以达到新的理解层次。提示可以分为 4 个主要类别：

（1）背景提示。

（2）过程或程序性提示。

（3）反思性提示。

（4）启发性提示。

表 8.2 是对每种提示类型的描述和示例。

表 8.2　提示的种类

提示词类型	定义 / 什么时候使用	例子
背景提示	当学生已经知道、被教过或者经历过但暂时忘记，或使用不正确的内容时使用	1. 在讨论关于水循环的科学段落时，教师问："你还记得关于物态的知识吗？" 2. 在阅读有关动物园旅行的文章时，教师问："记得我们上个月去动物园郊游吗？你还记得下雨时我们的心情吗？"
过程或程序性提示	当既定或普遍同意的规则或指导没有被遵从时使用，提示有助于解决错误或误解	1. 学生发音不准确时，教师说："当两个元音一起时发……" 2. 学生在开始写作文大纲时遇到困难，教师说："我在想我们用来组织说明文的助记符。"
反思性提示	用于鼓励学生元认知思考，从而确定下一步步骤或解决问题的方案	1. 学生刚刚读错了一段话，教师问："这段话有意义吗？仔细看看所有单词，好好思考一下。" 2. 学生写作时忘记提供证据，教师问："我们今天要学什么？我们的目标是什么？"
启发性提示	用于帮助学习者发展他们自己解决问题的方法。这些方法是非正式的解决问题步骤，它不一定和其他启发性提示一样，但必须有效	1. 学生在解释文本中人物关系时遇到困难，教师说："也许绘制出主角与其他人物的关系图会对你有所帮助。" 2. 学生陷入困境不知道接下来写什么，教师说："作家有很多不同的方法来解决写作的困难。有些人想到什么就写什么，有些人创造视觉作品，有些人与读者讨论，有些人可能会休息一下四处走动几分钟。这些方法对你有帮助吗？"

来源：改编自 Fisher and Frey（2013）。

下面举一个例子来说明提示语的使用。在小说《伊斯贝蓝莎的成长》(*Esperanza Rising*)(Ryan, 2002)的阅读过程中，一位五年级教师问及书中象征手法的使用。喜爱文学的学生们已经阅读了最新一章，但他们似乎没能把故事中的情节与之前学过的象征手法联系起来。

教师提醒他们说:“我要提醒你们，她的祖母正在编织的那块毯子有多重要，尤其是那个‘之’字形的图案。”

一个学生回应说:“我明白，那个图案代表着生活中的高潮与低谷。”

教师鼓励他联系故事中的情节:“对，就是这样！那么那个‘之’字形与伊斯贝蓝莎最近的遭遇有什么联系呢？”

学生思考后回答:“那是一段不好的时光，因为伊斯贝蓝莎把地上的洋葱皮扫得太糟了所以被称为‘灰姑娘’。她习惯了被当作公主之类的人对待，而现在她的生活却每况愈下。”

同样，当教师询问学生的物理作业时，发现了一个关于速度和速率的误解。在鼓励他们的时候，教师说:“还记得我们看的关于开车上学的动画吗？速度和速率有一些共同之处，但是……”学生们立即引用了动画中的一句话:“速率就是有方向的速度。”他们的误解被解开了。

有策略地使用背景提示有助于学习者对文本有更深的理解。

运用所学

根据表 8.2 中关于各种类型提示的描述，分别为下面的场景确定其具体的提示类型（答案在本章的最后）。并请在空白处描述一个适合使用背景提示的场景。

场景	提示类型
1. 一群学生在解决一个数学题时遇到了困难，于是教师给了他们一个提示，提醒他们应用 PEMDAS（运算的优先顺序），而不是直接告诉他们错误在哪里	
2. 一位学生表示他们不太明白这段文字，因此无法写一个总结。教师问:“你可以怎么做来帮助自己理解呢?”	

续表

场景	提示类型
	背景提示

引导学生注意力的线索

支架学习中的另一个策略是引导学生转变注意力以促进理解。这与给出提示不同，因为它更多地与学生关注或忽略的内容有关，而不是专注于学生需要使用的认知或元认知过程。通过线索，教师将学生的注意力引导到有助于解决问题或是强调学生错误或误解的信息来源上。

教师使用的线索有很多，包括视觉的、语言的、手势 / 身体的和环境的。不管是哪种，这些线索都会给学生额外的信息，告诉他们应该关注什么。表 8.3 给出了线索的类型。

表 8.3　线索的类型

线索类型	说明	实例
视觉线索	用于引导学生思考和理解的一系列图形提示	1. 高亮标注学生文本上的错误 2. 制作图解来有序地展示内容 3. 让学生再次查看书中的插图或图片
语言线索	利用语言变化来吸引注意力或口头提示让学生集中注意力思考	1. “这很关键……” 2. “这是棘手的部分，请务必谨慎处理……” 3. 用疑问语气重复学生的发言 4. 改变说话的速度或音量以强调重点
动作 / 身体线索	通过教师的身体动作或手势来提醒学生某些被忽略的内容	1. 当学生寻找正确的单词或拼写时指向单词墙 2. 示范特定手势，如在阅读时指出重要的部分 3. 用手指出学生遗漏的文本的关键点
环境线索	利用教室环境和其他物品来帮助学生理解	1. 根据环境的不同更新学习材料，以便学生参考 2. 使用磁性字母或教学辅助工具来指导学生思考 3. 通过改变物体或人的位置来引导学生的注意力从而引导学生思考

来源：改编自 Fisher and Frey（2013）。

下面还有一些例子可进一步说明这些线索的用法，视觉线索可以帮助学生转移注意力，从而给予更好的回应。而动作线索用得更普遍。本质上，这些都是为了引导学生，而不是直接告诉他们缺少哪些信息。

1. 视觉线索。

（1）这张照片背景是谁？为什么？

（2）图表里的信息或许对你有所帮助，再仔细看看。

（3）在你做出关于故事如何结束的预测之前，回顾一下你之前看到的所有图片。

（4）你注意到这个看起来像按钮的设计了吗？他们希望你点击它来得到答案。

（5）从画家画出这个角色的方式来看，你真的认为他对这件事很开心吗？

（6）当你看到一个标题时，它通常提示你做些什么？

2. 动作 / 身体线索。

（1）教师不说话，只是指向语言图表上的某个信息。学生看了之后，就对他之前与小组的讨论作出补充。

（2）教师用“劈”这个动作来提示学生拼读时要分块。

（3）教师做出一个“扩大”的动作，手从紧靠在一起逐渐拉开。她这样做的时候，学生再次开始讨论，阐述他对写作提示的想法。

运用所学

请参考表 8.3 中对不同类型线索的描述，为下面所列的各个场景匹配对应的线索类型（答案在本章的最后）。对于未给出的例子，请想一个场景并说明在何时使用这种线索是恰当的。

场景	线索类型
1. 教师说：“请看第 112 页的图表，它有什么用呢？”	
2. 通过轻触学生的肩膀引导他看向左边	
3. 提示学生查看单词墙，找到单词的正确拼写	
4. 指着图表说：“每一千人”，并强调“每”	
5. 通过调整学生双手，纠正他握棒球棒的手势	

续表

场景	线索类型
	语言线索
	环境线索

提供直接解释和示范

有时，仅依赖于提示和线索并不能有效地解决学生对知识点的误解或错误。在这些情况下，教师不能对此忽略，为确保学生能够成功地掌握学习内容，教师有时需要直接为学生提供答案或解释。但这种明确的指导应在提供线索和提示之后给出，来帮助学生将新获得的知识与他们的思维过程联系到一起。教师可以要求学生用自己的话重复这些信息或提问来检查他们是否理解了内容。这些直接的解释与汤普森（Thompson）在2009年研究中提供的解释一致："给出解释、例子或答案；解释答案；提及先前的讨论；为学生提出一个导向性的问题；并为学生计划接下来应该做什么。"

例如，有5名三年级的学生正在阅读《公园里的声音》（Browne, 1998）这本书。在检查了阅读理解后，教师意识到妮可（Nichole）是依靠插图而不是文本中的单词来进行预测，因此教师给了她一些提示，告诉她要使用作者的话进行描述以后，教师开始直接解释："插图可以帮助我们做出预测，但它们并不总是给我们一个完整的画面。读者还必须使用他们读到的单词来进行预测。'邋遢的杂种狗'和'可怕的事物'这些词给了我和图片上不同的感觉。你要用这些词来进行预测。"

教师提供直接解释的方法之一是示范。作为示范教学的一部分，"教师明确指出正在教授的策略以及何时使用该策略。然后，教师进行'思考—朗读'示范，包括使用该策略所涉及的推测，从而揭示其思维过程"（Alfassi，2004）。例如，当学生在撰写文章的引言部分遇到困难时，仅依靠提示和线索无法帮助他们，于是教师决定为他们进行示范，展示如何思考和撰写引言部分。教师拿出一张纸，并边写边思考。她的思考包括了有意识地决定使用哪种导入技巧以及如何改变句子句首和句子长度。作为她示范的一部分，教师说：

"鉴于我的主题是比较两个童话故事，我不认为使用幽默的文字作为引言是一个好主意，因为我的读者可能会不理解我的意思。我也认为一个惊人的统计数据可能也行不通，因为我不知道关于童话的统计数据。我认为在这种情况下提出一个问题可能会有用，因为它会让我的读者对这个话题感兴趣。我想引用可能也行，但是因为有两篇童话，所以我不确定我应该从哪篇引用，也许我会把这个想法留到我的文章后面。好吧，我做出了决定。我要从提出一个问题开始。我会以'你有没有想过为什么一些相同的角色在不同的故事中表现得不同？'为开头，然后我就可以比较我读过的两个'灰姑娘'的版本了。"

需要注意的是，教师的示范包括了两个重要的组成部分。第一个是自我陈述，第二个是关于教师是如何完成这个任务的。这些自我陈述可以让学生们在教师开动脑筋展示他们是如何完成任务时认真倾听。但仅仅提供例子是不够的。学生已经得到线索和提示指导了。因为思考是看不见的，他们需要知道教师的思考过程，这就需要通过完成具体任务的例子来具象化。

还要注意的是，直接讲解和示范是简短的。它们的目的是确保学生能够成功地掌握学习内容。当我们诉诸示范时，这往往表明需要更多的指导。但同时，教师应确保学生在学习过程中能够体验到成功，这样他们不会因为失败而对自己失去信心，认为自己没有学习能力。

这是关于支架学习的重要观点，在与教师学习的过程中，学生需要感受成就感，即使教师有时需要直接解释某些内容。否则，他们可能会认为："问题不在老师，而在我。我可能真的很笨。"一旦出现这种情况，可能导致他们形成习得性无助感，并过度依赖他人来获取信息。这与我们使用分布支架时所希望的恰恰相反。

互助学习

这是一个尝试新学习方法的机会。我们会提供一个简短的场景，你需要运用你所学的分布支架的知识帮助这位教师。

艾米莉·詹森（Emily Jensen）是六年级社会学教师，她正在讲授古埃及的知识。她的学生们正在了解古埃及的象形文字系统。詹森老师先是教授了一些专业词汇，之后让学生独立阅读了一段关于象形文字的资料。接下来，她组织了一个小组讨论，学生们需要用自己的话总结资料内容。

詹森老师提醒学生："我想在你们的讨论中听到这些词汇：象形文字、文字系统和文明。"课堂快结束时，她让学生写下自己今天所学内容的总结。她在黑板上写下提示：

“请总结你今天学到的内容：文明对于写作很重要，原因是__________。例如，古埃及人__________。这让我联想到了__________。”

但是，当她放学后查看这些总结时，她发现大部分学生没有准确地完成这个任务。主要有两类错误：

（1）不能准确解释为什么文明对于写作很重要。

（2）不能将这与之前学过的知识联系起来，例如尼安德特人的洞穴绘画或古波斯的楔形文字。

詹森老师找到你，想了解她在检查学生理解方面还能做些什么。请利用你所知道的问题、提示和线索为她提供一些建议，帮助她更好地运用分布支架进行教学。

给詹森老师的建议：

总结

分布支架比前端支架更难规划，因为它们是用来回应学习者的需求——它们是及时的。但这并不意味着它们不可能被规划。随着教学经验的积累，教师可以预见学生在学习某一内容时可能会进入的种种误区和可能会出现的错误。所以，当我们筹备课程时，我们会思考这些因素并找出可能的应对策略。我们的目标不仅是简单地告诉学生他们遗漏的内容，更重要的是在他们进行学习活动时，给予他们必要的辅助和支持。

本章强调的分布支架包括：问题设定、给出提示、提供线索和直接解释。这些在学生参与学习的过程中都发挥着关键的作用。教师们始终在寻找学生学习中需要的支架，持续推动他们走向成功。这是一个不断地为学生提供支持的持续过程，同时也与前端和后端的支架相结合。

自我评估

在进一步学习之前，请思考一下本章的成功要素。你会注意到，这些要素已从“我们能够”的陈述表达转变为“我能吗”的疑问句。你对自己运用分布支架的能力有多自信？请用涂色的方式做自我评估，涂满的方格越多表示越有信心。你需要写出做出判断的依据。

成功要素	自我评估	依据
我知道分布支架的含义和目标吗？	□□□□□□□□□□	
我能比较及时性和预防性支架吗？	□□□□□□□□□□	
我能描述如何使用问题检查理解并确定所需的支架吗？	□□□□□□□□□□	
我能区分分布支架中的提示、线索、直接解释和示范的类型吗？	□□□□□□□□□□	

答案

第 93 页运用所学——问题类型

1. 阐述性问题
2. 诱发性问题
3. 诱发性问题
4. 发散性问题
5. 澄清性问题
6. 创新性问题
7. 发散性问题
8. 启发性问题
9. 澄清性问题
10. 发散性问题
11. 启发性问题
12. 创新性问题

第 95 页运用所学——提示类型

1. 过程或程序性提示
2. 反思性提示

（场景描述略）

第 97 页运用所学——线索类型

1. 视觉线索
2. 动作 / 身体线索
3. 环境线索
4. 语言线索
5. 动作线索

（场景描述略）

第九章
后端支架

学习目标	成功要素
我们将学习在学习活动后使用的支架来拓展学习或纠正错误	当我们达到以下要素时，我们就成功了。 1．能够区分前端支架、分布支架和后端支架 2．能够采用“图形组织器”这一后端教学策略帮助学生由浅至深地理解知识 3．能够探讨学习技能如何用于后端支架，帮助学生进入更深入的学习 4．能够解释在何种条件下反馈是有效的 5．能够阐述反馈在后端支架中的三大要素，增加它作为后端支架的作用之一

你会如何描述后端支架？以下问题可以帮助你思考。

（1）当学习没有按计划进行时，你可以采取什么行动？

（2）学习活动结束后，什么时候使用支架学习最有效？

（3）反馈在支架学习中有什么用处？

截至目前，我们已经用建筑中的支架比喻来解释和探索教育领域的支架。一般来说，在建筑中，支架大多数是依附在永久的结构上，比如建筑物。支架被搭建、使用，然后拆除，因为内部的结构才是最重要的。对于大多数人来说，一听到“支架”这个词就会想到脚手架。但是还有另一种支架：脚手架楼梯（图 9.1）。楼梯都是独立的单元，可以从一个地方移动到另一个地方。换句话说，这种支架可以根据需要移动。

图 9.1　脚手架楼梯

来源：Graphic courtesy of iStock 网站。

以机场为例，通常，乘客通过登机桥上下飞机。但有时，当没有登机桥的时候，为了确保乘客安全下机，需要在飞机侧面铺设楼梯。这种往往是事后发生的。有时，地勤人员知道某个登机口需要登机楼梯，有时则会发生意外，需要使用这些临时脚手架楼梯。

我们认为，这种后端支架是在学习结束后才搭建的。在某些情况下，它们是为了纠正学习过程中产生的错误和误解。为学生提供的反馈就是这种后端支架学习的例子，其旨在促进学生的继续学习。在其他情况下，后端支架则是为了巩固学生的理解。例如，可以引导学生使用图形工具作为一个后端支架，当学生看到观点和信息之间的关系和联系时，可以扩展学习。

无论何时使用前端支架、分布支架还是后端支架，都建议满足一些特定条件：

（1）考虑学生的优势和挑战。

（2）基于标准。

（3）与学习目标保持一致。

（4）适用于达成学习目标的过程。

（5）具有临时性。

（6）能提供学生完成任务所需的支持。

（7）适合的任务。

（8）尊重所有学习者。

运用所学

思考以下潜在的支架学习方法。它们是否达到了上述的特定条件？需要指出的是，它们并不一定都是后端支架，而是综合了之前章节的知识点（答案在本章最后）。

潜在的支架学习方法	是否满足特定条件
1. 将学生分入同类工作小组以完成协作任务	
2. 提供“提示卡”，学生在遇到困难时可使用此卡来了解信息的要点	
3. 从视频中找出学生难以理解的词汇，并在活动后请学生进行复习	
4. 教师示范他的思考过程，以便学生根据示范修改自己的作业	
5. 为在上一单元中遇到困难的学生修改文本并指导学生阅读	

将框架图作为后端支架

框架图是一种可视化的空间展示，它可以帮助学生对抽象概念进行分类，突显它们之间的关系。框架图用于帮助学生建立知识框架，即理解和解释信息的认知框架。初学者可能会错误地将知识看作是互不相关的孤岛。例如，理科学生无法理解行星运动课程与之前的行星组成课程之间的关系。重要的是，框架图的预期用途是促进先前知识与新信息之间的联系（Ausubel，1968）。

然而，在实践中，框架图被广泛误用。有两个常见的错误影响了它们的有效性：功能和时机（Fisher & Frey，2018）。第一个错误是将框架图仅仅看作是一个学习最终产物。填写框架图成为最终目标。学生上交后，课程继续，而建立框架的机会却被遗忘了。框架图应被视为一个理解其他知识的中间工具，主要用于讨论和写作（Fisher & Frey，2018）。

第二个错误与时机有关，这就是后端支架的作用所在。在某些情况下，使用框架图还为时过早。教师介绍完课程后，就展示已完成的框架图让学生抄写。而学生只是为了和教师做出的示范一样，更专注于填满所有小方格而不是理解概念之间的联系。教师则考虑了所有概念和知识点之间的关联，选择了最能在空间和视觉上体现这些想法的框架图。

我们希望将框架图与提供要教授新信息的辅助示意图区分开，示意图的展示是前端支架的一种形式，它们在初次教学时使用。当讲解行星运动时，展示一个太阳系的示意图是很有意义的。当讲解行星组成时，使用一个附图以便学生可以比较行星的相对大小和属性也是很有意义的。

但是，当学生需要建立所学的概念之间的关系时，框架图的价值就显现出来了。例如，学生制作的一个框架图，用于比较水星和金星的自转、公转、温度和地质特征，这是一个完全不同的任务。它要求学生将行星运动和行星组成这两个主要概念联系起来，并将其进一步扩展，与另一颗行星进行比较。学生必须进行大量的思考而不仅仅是抄写，以便整理信息、对知识进行归类和对比，并将其作为概念框架加以应用，从而更好地理解其他行星。

在初步学习或阅读结束后，使用框架图可以让学生厘清他们所知道的内容，并揭示他们不知道或感到困惑的内容。一项关于课后使用框架图的元分析引人注目。当课后使用时，其效果值为 1.84（Englert & Mariage，1991）。而在课程中使用时，效果值仅为 0.61。使用框架图并不复杂。例如，图 9.2 是一名初中生为了更好地理解《棕发女孩的梦想》（Woodson，2016）中的主人公杰基（Jackie）的性格特点和行为而制作的。这是一个持续的过程。随着学生继续阅读，他会回到这个图，继续完善他对主人公的理解。

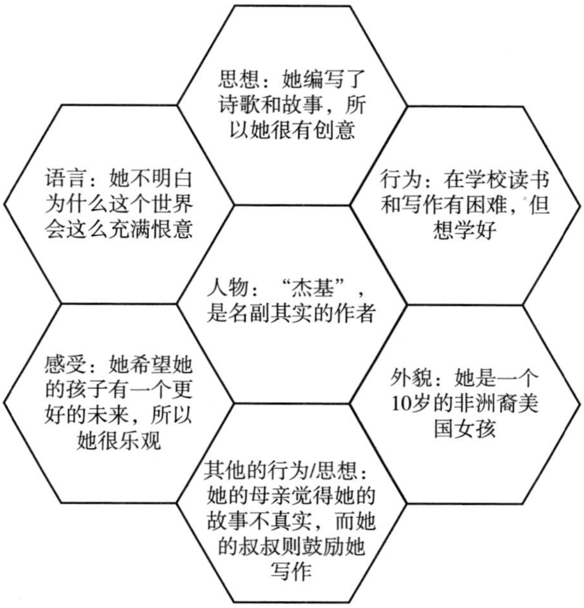

图 9.2　对杰基的人物分析

框架图应被视为一个中间工具，主要用于讨论和写作。

框架图也是一种有效的学习工具，我们将在下一部分详细探讨。对于那些逐步构建框架图的高年级学生来说尤其如此，因为这为他们对某一概念的深入理解提供了很好的储存库。他们必须长期学习的重要技能之一是如何将特定框架图的功能与其目的结合起来。

运用所学

框架图有多种类型，它们的功能因组织概念的思维方式而略有不同。请你思考一下，如何将 4 种功能的框架图应用于讨论和写作中？将你的想法填在表 9.1 中。

表 9.1　4 种功能的框架图在讨论和写作中的应用

功能	类型	讨论应用	写作应用
大纲类	• 时间线 • 语义图 • 流程图 • 顺序图 • 蜘蛛图 • 循环图		
比较—对照类	• 矩阵图 • 韦恩图 • T 型图		
层次类	• 树形图 • 主题图 • 鱼骨图		
关联类	• 气泡图 • 语义特征分析图 • 解决问题方案图		

学习技能

学习技能是让学生获得、记录、整理、整合、记忆和利用信息的一系列能力（Hoover & Patton，1995）。学习技能对学习内容非常重要，而且可以迁移，使学生能够在新的情景中应用所学知识。我们认为学习技能是一种后端支架，因为知道如何学习的学生会在初次学习结束后才这样做。这一点非常重要。我们不希望让学生在学习新内容时使用学习技能。初次学习的重点应该是掌握概念和技能。相反，学习技能应该用于巩固学习，确保学生能够进行更深入的学习和学习迁移。

哈蒂（Hattie，2009）认为学习技能可以分为 3 个类别：认知学习技能、元认知学习技能和情感学习技能。

（1）认知学习技能通常涉及一个任务，如复习笔记、创建数字或实体闪卡和总结。

（2）元认知学习技能描述自我管理，如计划、监控和反思学习。元认知学习技能还要求学生学会何时使用各种认知策略。

（3）情感学习技能涉及动机、独立自主性和自我概念。

记忆法就是认知学习技巧的一个例子，它是一种通常使用首字母来帮助激活记忆的辅助工具。在一年级学生学习指南针的基本知识点时，他们使用了“永远不要吃切碎的麦片（Never Eat Shredded Wheat，NESW）”的记忆法，从顶端以顺时针方向进行联想。

但桑德斯（Saunders）先生对全班同学说：“我真的很喜欢切碎的麦片，所以我不想用这句话来记方向。每个小组能否想出一个不同的记忆法来记住这个信息？”

其中一个小组提出了“没有证据，抱歉作家们（No Evidence，Sorry Writers）”，另一个小组则想出“永远不要吃剃过毛的海象（Never Eat Shaved Walrus）”。

另一个认知学习技能的例子是使用闪卡。这听起来很老套，但闪卡（及电子版）可以帮助学生记忆信息。当然，他们需要做的不仅仅是记住信息。但记住也很重要，例如，在调查生物群落时，学生们关注不同环境中的各种生命形式。为了能够记住不同的生物群落、这些生物群落的环境条件和在这种环境中生活的动物种类，学生们创建了一系列闪卡。在制作这些闪卡练习时，学生们学习了生物群落知识。而在使用闪卡练习时，他们也在继续思考他们所学的内容。

自我评估是元认知学习技能的典型例子。为了精确了解自己的学习水平并找出未来的学习方向，学生们需要培养这种技巧。为了让学生能够有效地进行自我评估，教师必须明确告诉学生什么是成功的标准。更为关键的是，教师可以从简单的任务开始，为学生前几次尝试进行的自我评估提供反馈和指导。例如，在一次关于物体相对位置的科学课上，教师向学生提供了几幅直观图，学生必须判断哪些词语适合用来描述相关物品的相对位置。教师要求学生使用特定的术语来描述目标物品的位置，并告知他们成功的标准：

“当我们能使用这些术语如‘远端’‘内侧’和‘后方’并正确描述特定物体的位置的时候，我们才算成功。”

教师给每个例子都拍了照片，让学生通过观看在智能板上展示的图片进行检查。检查后，教师要求学生与同伴交换试卷并比较答案。教师再次翻转图片，让学生们讨论他们的答案。然后，教师请每个小组的一名成员从他收集的物品中挑选几件，让他们把这些物品放在各自的课桌上，并讨论每件物品的相对位置。他们使用平板电脑拍照，并使用目标词汇在图片上写字。学会检查可以培养学生的自我评价能力。

认知和元认知学习技能固然重要，但参与、动机和自我概念也同样重要。对我们的思维来说，学习动机需要成功。当我们获得成功时，我们就会更有动力去坚持做某件事情。但当我们思考学习技巧时，我们会想到学生往往不会成功，他们没有通过所学的考试，或者没有写出有充分证据的信息报告。这些想法并不能激励他们再试一次。因此，考虑情感学习技能非常重要。

明智的教师在介绍学习技巧时，会注意确保学生获得成功的体验。例如，学生们在准备考试时，会遇到有各种类型问题的考试。每天晚上，教师都会为学生提供特定类型的问题（如简答题、多选题）以及可通过该题型进行评估的内容。她向学生们提供了一些例子，并要求他们进行学习。第二天，她给学生们做了一次练习评估，并让他们对自己的回答打分，找出错误。她鼓励学生与同伴讨论他们的想法。学生们取得了很大的成功，并被激励继续努力。他们在“真实”测试中的成绩令人印象深刻，但更重要的是他们提高的学习积极性和获得的学习信息的能力，以及在下周完成的项目中应用这些的能力。

正如这位教师所说：“对我来说，学生尽早取得成功非常重要，因为他们开始把自己当作学者。然后我就可以提高我对他们的期望，而他们总能够做到。”

运用所学

请将下列各条目归入相应的学习技能类别中（答案在本章最后）。请注意，这些条目都被写成类似“我可以”的肯定形式，因为我们希望鼓励学生发展这些技能，并选择何时使用它们。这样一来，学习技能就成了学生自主运用的后端支架。

• 当我不确定我是否理解所读的内容时，我可以使用我的理解策略	• 我可以调整我的学习
• 我可以确保自己处于一个好的学习环境	• 我可以对我的学习进行自我评估
• 我可以为学习制订计划	• 我会重读学过的内容
• 我会使用闪卡	• 我会做笔记
• 我会复习单词以确保掌握词汇的含义	• 我很喜欢学习
• 我能记住重要的知识点	• 我可以跟踪记录我的理解
• 我可以总结所学的内容	• 我可以迎接挑战
• 我可以更正自己的错误	• 我可以设定目标
• 我可以跟踪记录自己的学习	• 我随时做好准备解决问题
• 我可以确保我有足够的时间完成任务	• 我会使用框架图
• 我可以自我提问	

认知学习技能	元认知学习技能	情感学习技能

反馈

关于反馈（Hattie & Clark，2019 ）和这一教学举措的复杂性已有很多论述。正如柯维（Covey，1995）所指出的，寻求反馈需要一颗谦逊的心。理解反馈、分析反馈并对反馈采取适当行动是需要智慧的。现实情况是反馈很多，但并非所有反馈都能被接收。如果没有收到反馈，对学习的促进作用就微乎其微。原因可能是在教学周期中过早给出反馈。请注意，我们将反馈放在后端支架部分，而不是分布支架部分。当然，教师可以在学生学习时给予反馈，特别是以强化和提示的形式。但反馈也可以在学习任务完成后用来消除错误和解除误解。

我们认为，设计反馈要求教师注意以下几点。

（1）关爱：跟学生建立并维持一种信任和尊重的学习氛围。如果缺乏关爱，学生就会有戒备心理，不会暴露自己的误解，也不愿意接受反馈意见，不愿将其视为促进成长的事件。

（2）可信性：使学生相信教师值得倾听和学习。从根本上说，学生会自问："我能从这个人身上学到什么吗？"如果答案是肯定的，那么反馈就更有可能产生影响。

（3）明确：使学生明白有些东西值得学习，学习是什么，成功学习意味着什么。如果具备了这些条件，学生就更有可能接受反馈，因为他们认为反馈对他们渴望的实现目标很有价值。

（4）沟通：教师对信息的传达方式，以及学生是否能理解信息并对其采取行动。

换言之，阿尔马洛德（Almarode）等人（2023）指出：

（1）关爱和可信性为提供、接收和整合反馈奠定了基础。

（2）明确为提供、接收和整合反馈奠定了基础。

（3）沟通为如何提供反馈奠定了基础。

有了这些，教师就可以将反馈作为后端支架学习。请记住，反馈可以帮助学生了解他们实现预期目标的进展情况。请回忆我们之前提到的关于专业知识和目标的心理模型，这是支撑本书整体框架的一部分。正如弗拉比（Vrabie，2021）指出，反馈至少有以下 3 种形式。

（1）赞赏：表彰和奖励表现出色的人。赞赏能将人与人联系起来，并激发人的积极性。激励是取得高绩效的关键因素之一。

（2）指导：帮助他人扩展知识、技能和能力。指导也是解决情感问题的机会，有助于平衡和加强人际关系。

（3）评估：根据一套标准对某人进行评估，调整期望值并为决策提供信息。

请注意，这些都可以在后端支架中发挥作用。当我们赞赏学生已经取得的成绩，而不是只关注学习需求时，我们就会通过激励，促使他们即使遇到困难也要再次尝试。当我们指导时，我们会提供具体的例子和想法，让学生可以用来拓展技能和培养习惯。当我们进行评估时，我们会将学生目前的表现与对学习的期望进行比较。请注意，这些都不是线性的。我们可以以赞赏开始，也可以以赞赏结束。我们可以根据评价来进行指导。当我们为学生的学习提供支架时，我们可能会在这三种反馈之间徘徊。

九年级的教师麦克·奎扎达（Michael Quezada）正在教授一门关于文化和身份的启蒙课程。学生们正在阅读《纳西雷马人的身体仪式》（Miner，1956），这篇文章从人类学的角度描述了一种文化，解释了该群体对口腔清洁的执着和对身体的态度。在他们初步阅读和讨论了这篇文章之后，奎扎达先生透露，这种文化其实是“American”倒过来写的，这是学生们都没有想到的一个细节。然后，他将这一讽刺与讨论其他文化的倾向联系起来，比如西班牙文化中的“大男子主义”，或者一些亚洲文化中的“面子”。然后，教师要求学生将他们的想法和问题写到他为学生设置的 Padlet（一种用于教学的应用程序）上。

他在实时观察讨论的过程中会记下具体的条目，同时提供反馈。他会表示赞赏：“玛丽尔说，阅读让她感到惊讶，因为她从来没有这样想过美国文化。谢谢你，玛丽尔，你说出了很多人的心声。”此外，他的一些反馈是以指导的形式进行的：“你们当中四个人想知道被简化为单一文化的例子。让我们在学习本单元的过程中留意这些例子。我们可以把阅读中遇到的例子列成一个清单。”作为对小组的反馈，奎扎达先生还提供了一份评估说明：“从你们的问题和评论中，我可以看出你们已经开始培养文化分析的立场。这将是一个重要的视角，当我们探讨美国不同群体的经历时，这将成为我们反复使用的重要视角。”

运用所学

培养新习惯需要时间。当我们开始使用反馈作为后端支架时，我们安排了一些行动和对话，以此提高学生从反馈中学习的可能性。想象你未来教授一系列课程时，会如何考虑以下三种形式的反馈，找到一些与每种反馈形式相匹配的句子开头语，以确保这种类型的支架行之有效。

反馈形式	开头语
赞赏	
指导	
评估	

互助学习

这是一个尝试新学习方法的机会。我们将为你提供一个简短的情景，一位教师的教学成果可能受益于后端支架。

莱蒂西亚·拉莫斯（Leticia Ramos）正在计划一系列有关水循环的课程，需要学生记笔记。拉莫斯老师要求她的学生使用康奈尔笔记法，这种笔记要求一页分为3个部分。主要栏在左边，次要栏在右边，底部的空格横跨两栏。笔记记在主要栏中，注释中的关键观点或术语放在次要栏中，摘要写在底栏。作为一种学习技巧，次要栏和摘要通常在做完笔记几天后完成，以帮助回忆和组织信息。

一天，学生们观看了一段简短的视频，该视频是学校购买的教学材料。拉莫斯老师要求学生在观看视频时做笔记，以鼓励他们积极参与。因为以前用过康奈尔笔记法，学生们立即拿出科学笔记本，在目录中添加了一个条目，然后翻到空白页，准备做笔记。

（1）学生在观看视频时，拉莫斯老师可能考虑使用哪些分布支架技巧？

（2）在学生观看完视频后，拉莫斯老师可能考虑使用哪些后端支架技巧？

总结

本章重点介绍了教师在学习事件发生后可以采取的一些行动。在某些情况下，后端支架可用于解决误解和错误。当然，有时错误是全局性的，也就是说全班大多数人都误解了某些内容。在这种情况下，可能需要重新教学。在其他情况下，反馈可用于解决未完成的学习。此外，后端支架在帮助学生巩固理解方面也很有用。同时，学生完成的表层学习也可以通过有意识的后端支架扩展到深层学习。优秀的教师会利用前端支架、分布支架和后端支架这三重支架来确保学生的学习。当学生体验到支架学习时，他们也开始为同伴的学习提供支架。这是下一章的重点。

自我评估

在进一步学习之前，请想一想本章的成功要素。你会注意到这些要素已从“我们能够”的陈述表达转变为“我能吗”的疑问句。你对自己应用后端支架知识的能力有多大信心？请用涂色的方式做自我评估，涂满的方格越多表示越有信心。你需要写出做出判断的依据。

成功要素	自我评估	依据
我能区分前端支架、分布支架和后端支架吗？	□□□□□□□□□□	
我能采用框架图这一后端教学策略帮助学生由浅至深地理解知识吗？	□□□□□□□□□□	
我能探索作为后端支架的学习技能帮助学生转向更深入的学习吗？	□□□□□□□□□□	
我能解释反馈的必要条件吗？	□□□□□□□□□□	
我能解释反馈在后端支架中的三种形式吗？	□□□□□□□□□□	

答案

第105页运用所学——是否满足特定条件

1. 否，这不完全尊重所有的学生，可能无法让所有学生达到相应年级的标准。
2. 是，这面向所有学生，并能敏锐应对学生面临的挑战。
3. 是，这是临时的，与学习目标一致。虽然词汇本可以作为前端教学策略，但在这种情况下，某些术语就不会造成混淆。
4. 是，用于为实现学习目标提供必要的支持。
5. 否，与特定条件不一致。可以让学生以其他方式获取复杂的文本，但这可以作为对已确定无法完成的学生的一部分支持。

第111页运用所学——学习技能

认知学习技能	元认知学习技能	情感学习技能
• 我可以利用图形工具来组织和理解信息 • 我可以做笔记 • 我会使用闪卡 • 我会重读学过的内容 • 我能记住最重要的知识点 • 我可以总结所学的内容 • 我可以跟踪记录自己的学习	• 我可以跟踪记录自己的学习 • 我可以为学习制订计划 • 我可以更正自己的错误 • 我可以调整我的学习 • 我可以对我的学习进行自我评估 • 我可以自我提问 • 我会复习单词以确保掌握词汇的含义	• 我很喜欢学习 • 我可以确保我有足够的时间完成任务 • 我可以迎接挑战 • 我可以确保自己处于一个好的学习环境 • 我随时做好准备解决问题 • 当我不确定我是否理解所读的内容时，我可以使用我的理解策略

第十章
同伴支架

学习目标	成功要素
我们将学习同伴之间是如何相互提供支架的	当我们达到以下要素时，我们就成功了。 1．能够确定有效支架学习的 6 个特征，以及如何使用它们提供同伴支架 2．能够定义情感支架，并将此类型的支持融入同伴互动中 3．能够定义帮助课程，并确定在课堂中营造支持氛围的措施 4．能够分析不同的同伴辅导模式，并确定我们可以实施的模式

如何描述同伴支架？以下的问题可以帮助你思考。

（1）学生相互搭建支架可能需要哪些培训和支持？

（2）什么样的课堂文化有助于同伴支架的进行？

（3）教师如何有效放权使同伴支架得以实现？

在这本书中，我们广泛地使用了脚手架这一建筑隐喻。这主要源于 20 世纪 70 年代伍德（Wood）、布鲁纳（Bruner）和罗斯（Ross）将这一思想引入教育领域。我们曾观察到建筑物外部使用脚手架和楼梯这样的移动支架。但还有另一种支架——同伴支架。

想一想施工现场的场景。我们把石膏板挂起来，用梯子来够到高处和天花板。这是一种支架，对吗？我们还用面板升降机来吊起石膏板，这也是一种支架；可能还有凳子和其他工具来支撑工具和设备。但这些过程并不是一个人完成的，通常会有几个工人互相协作，一起完成工作。因此，当涉及教师要求学生完成的任务时，我们要讨论的最后一种支架就是同伴支架。当然，这些任务必须与预期的学习目标相一致，这一点我们在前面的章节中已经提到。然而，大多数学习环境中的学生数量远多于正式教师。一个容纳 30 ~ 35 名学生的常规教室可能只有一名教师，也许还有一个合作教师或助教。当同伴学会支持他人学习时，能够提供支架的人数就会显著增加。正如德沃斯（Devos，2015）指出，同伴支架是指“同伴之间为了帮助新手完成他们无法独自完成的任务所采取的合作行动”。

显然，也有正式的结构来搭建同伴支架。但是，在课堂上也会自然而然地出现一些非正式的过程，在这些过程中，课堂以学习为主，学生会普遍认识到错误是学习的机会，而不是羞耻、羞辱和尴尬的根源。范・利尔（Van Lier，2004）列出了有效支架的 6 个特征。

（1）连续性：随着时间的推移重复出现，各种变化相互关联。

（2）环境支持：安全但具有挑战性的环境；错误是预期的，并被接受为学习过程的一部分。

（3）主体间性：相互参与和支持，两个人同心协力。

（4）偶然性：支架支持取决于学习者的反应，具体内容可以根据需要增加、更改、删除或重复等。

（5）交接 / 接管：当技能和信心增强时，学习者的角色就会越来越重要。

（6）连贯性：参与者之间的沟通不是强制的，而是自然地进行（Khaliliaqdam，2014）。

请注意，其中有几点是可以由同伴有效提供的。例如，当两个人同心协力思考时，同伴之间可能更容易实现主体间性，因为提供支架的学生刚学会一些知识后可能会用更易懂的方式来解释，而那些离学习过程较远的成年人则不太可能这样做。当同伴之间进行有意义的对话时，连贯性也更容易实现。

运用所学

参照范·利尔所提及的特征，你会如何根据这些特征去培养同伴支架？虽然我们在前文中已给出一些想法，但你还有什么想法？

有效支架特征	培养同伴支架的想法
连续性	
环境支持	
主体间性	
偶然性	
交接 / 接管	
连贯性	

同伴间的情感支架

在第二章中我们介绍了情感参与，并详细讨论了教师在认知参与和元认知参与之外支持学生学习的方法（Nardacchione & Peconio，2022）。教师可以使用“类比、隐喻和叙述来调动学生对特定学科内容的情感反应，从而促进学生的学习”（Rosiek，2003）。迈尔（Meyer）和特纳（Turner，2007）指出，情感参与包括“临时的但可靠的、由教师发起的互动，以支持学生积极的情感体验，从而实现各种课堂目标”。

教师及其行动和行为是情感参与的重要组成部分。但是，同伴在互相支持时也起到了很大的作用。换句话说，教师的作用是有限的。每天都有成百上千次同伴之间的互动，这些互动可能会带来益处，也可能造成伤害。正如阿卡尔（Acar，2017）指出，教师支架与同伴互动有正相关性。如果我们想要创造一个积极的学习环境，我们就需要鼓励学生们互相支持，包括学习过程中所需的情感参与。

同伴情感参与的一个例子是 RULER，这是耶鲁大学情商研究中心开发的项目（Yale University，2022）。RULER 涵盖了 5 个领域：识别自己和他人的情绪（Recognize）、理解情绪产生的原因和结果（Understand）、为情绪找到正确的词汇表达（Label）、合理表达自己的情绪（Express）和有效管理自己的情绪（Regulate）。一旦教授了这些内容并且学生被允许使用所教的这些方法，他们就能为彼此提供情感参与。

在一个中学的课堂上，一群学生正在阅读《阿玛尔的希望》（*Amal Unbound*）（Saeed，2018），在此之前他们已经学习了几种全校通用的调节策略（图 10.1）。

这本书主要讲述了一位巴基斯坦农村女孩阿马尔的生活。她的母亲因为生了一个女孩而不是男孩变得抑郁，再加上家里欠了一屁股债，所以阿玛尔被送去当仆人，直到家里凑够钱为止。换句话说，这本书有很多敏感和复杂的问题需要讨论。不幸的是，在一次读书俱乐部活动中，一位学生说：“谁的妈妈不想要自己的孩子呢？我的妈妈不要我了。”

其中一名成员开始哭泣，其他学生才知道最近他妈妈去世了。这有可能会变成一个不顾及他人感受或令人尴尬的局面。但一个学生说：“嘿，对不起，这让我很难过，就像我的妈妈离开了，我的兄弟姐妹们就说她不想要我们了。这是我们的安慰方式。你想休息一下吗？还是我们一起深呼吸，然后继续？或者我们可以谈一谈，然后捋清楚，我都没问题。我真的很难过。”

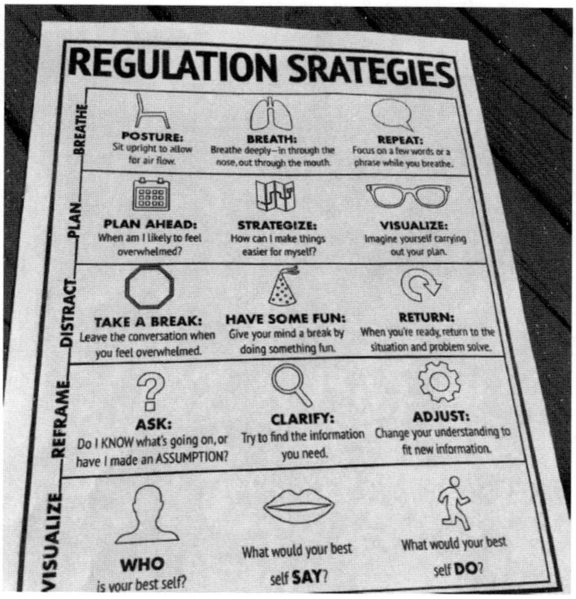

图 10.1　调节策略

来源：Teacher in Exile（n.d.）。

第三个学生补充说：“我知道这听起来有点奇怪，但当我情绪波动时，我想找点乐趣。比如我们可以玩‘你宁愿……？’之类的游戏。或者我们可以聊聊我们最好的事情，因为我们都有美好的回忆。”

那位母亲去世的学生回答说：“我想我需要休息一下。但我确实想谈谈这件事。我和这个故事有些联系，现在我想我可以说出来。我之前不想说，但现在我想说了。”

当然，情况可能会完全不同。但是，这所学校的学生们接受过情感参与的教育后，在迫不得已的情况下，他们运用了学到的技能，在困难的时候支持同伴，而且，他们一直保持对学习的专注。

互助学习

帕克（Park）等人于 2020 年指出了情感参与的 3 个方面。针对每个方面，教师需要采取行动然后支持学生为同伴搭建支架。我们已经为你列了一个表格，你需要与同伴一起合作，为你的教学添加相应的行动。

情感参与的3个方面	说明	教师的行动	学生的行动
在课堂上营造情感氛围	课堂氛围是指课堂给人的感觉。课堂必须是一个安全、可以犯错误和学习的场所。在这里，我们是否都有责任支持自己和其他人的学习？		
控制学生的兴奋程度	教师需要为学习环境注入激情，帮助学生形成内部的学习动力。这样的学习是否会令人兴奋和有成就感？		
保持学生对课堂学习的兴趣	学生需要看到学习是和同伴互动与支持相关的。应将学生的兴趣和学习方式联系起来。这是一个了解自我和体现自身价值的地方吗？		

通过帮助进行同伴支架

学生可以提供推动学习的情感参与，但这需要培养一种同伴互助的氛围。一个充满信任的学习氛围更有可能使学生取得优异成绩。但是，教师还必须教会学生如何做到这一点。

寻求帮助是学习中的一项重要技能，它对学习潜力的影响效应为0.72，高于平均值。想让学生能主动寻求帮助，首先要求学生能意识到他们已陷入困境。例如，一名学生在做一道复杂的数学题时已经尝试了所有他能想到的方法，但还是陷入了困境。察觉到自己需要帮助是他们自我监控的一个信号。

这位学生还要考虑社交环境，并决定这样做在心理上是否安全。如果学生认为寻求帮助会威胁到他们的社交地位（例如："我的同学会认为我笨"）或者在大人心中的形象（例如：“我的老师会认为我笨”），那么他们可能会选择单独行动或放弃寻求帮助。学生的目标也可能是他是否会寻求帮助的因素。周（Chou）和常（Chang）在2021年的研究中写到，有些学生是策略性求助者，而有些人则是回避型求助者：

（1）策略性求助者以学习为目的寻求帮助，他们的目标主要是掌握知识。（“我需要帮助，我想学这个。”）

（2）回避型求助者认为请求帮助是一种威胁，也是失败的象征。（“我不希望任何人觉得我做不到这一点。”）

教育工作者和雇主对学习、就业和生活所需的“软技能”有很多讨论。萨蓬－舍温（Sapon–Shevin，1988）称之为“帮助课程”。她认为，所有人，无论年龄还是能力，都需要知道如何请求帮助、提供帮助、接受帮助和礼貌地拒绝帮助。教师可以向学生介绍这些原则，并提供每个原则的正反例子。学生很喜欢分享他们自己的故事，他们认为这是更好地了解彼此的一种方式。图10.2可以提醒我们与他人合作时所需注意的事项。话虽如此，我们也认识到，直接告诉他人答案是很有诱惑力的，因为这样做当然更快，但对学生并没有帮助。告诉某人“答案是24”对他并没有帮助，但说“答案是24，因为……”然后进行进一步对话，如询问“你是怎么想出来的？”，这种做法就是有帮助的。鼓励同伴之间互助的课堂氛围使得每天都可以无数次地利用同伴支架的力量。

图10.2　你今天“帮助”了吗

来源：Graphics courtesy of iStock。

在课堂上，教师经常使用提示和线索，如第八章所述，学生也开始用它们来帮助同伴。有趣的是，他们似乎不需要正式地学习这种方式去提供支架，它就能变成提供帮助的方式。学生似乎很自然地支持他人的学习，因为他们也能得到支持。如果教师经常替学生解决困难，并告诉学生他们错过了什么，那么学生也会开始对他们的同伴这样做。当教师通过提示和线索来搭建学生的思维时，学生就会接受这种方式，然后开始和同伴一起学习。

举个例子，一个学生很难确定一个谜语代表哪个形状。谜语的一部分提到这个形状有两个面。那个不确定的学生正在看几种形状，他的同伴指着圆柱体的两边。这种手势吸引了不确定形状的学生的注意力，并帮助他处理信息。反之在课堂上，帮助不是课程的一部分，或者教师经常告诉学生答案（过度帮助），同伴可能只是告诉那个学生答案是圆柱体。

运用所学

你如何在课堂上提倡一种帮助他们的道德观，从而促进同伴间的互助？想办法在课堂上创造一种乐于助人的文化。请在表 10.1 中填写你目前正在促进学生间互助的方式以及你的目的。

表 10.1　促进互助的方式及目的

促进互助的方式	想培养什么
向学生示范如何寻求、提供、接受，以及礼貌地拒绝帮助	
课程中多次暂停，请学生提问	
为学生提供时间去和其他同学就某项技能或概念相互交流	
创建学习小组和“学习伙伴”	

同伴辅导

除了同伴提供的情感参与，同伴辅导也是一种正式的支架模式。对接受辅导者的效应值为 0.54，对进行辅导者的效应值为 0.48。这两种影响都高于平均水平，有可能加速学习，而且它们都是免费的。受益的不仅仅是接受辅导的学生。同伴辅导的部分价值在于能促进学生自身的学习，理论上说，教师、教辅人员或同学的辅导可以帮助他人学习。

实际上，当学生有机会辅导同伴时，他们会学到更多。

同伴辅导有几种不同的模式。

1. 全班同伴辅导。

在每周的特定时间，将全班学生分成两到五人的小组。其主要目标是练习或复习技能和内容，而不是引入新的学习内容。小组中的每位学生都有机会成为辅导者和被辅导者。在这些环节中，教师通常会指定辅导课的内容，包括由同伴讲解作业、向小组成员提问并提供反馈。全班同伴辅导涉及结构化程序和直接练习，还可能包括公布成绩的竞争小组（Maheady et al.，2001）。

2. 跨年龄同伴辅导。

高年级学生与低年级学生配对，高年级学生担任辅导者，角色不变，但辅导者和被辅导者目前的水平可能相似。辅导者负责解释概念、示范行为、提问并鼓励低年级学生养成更好的学习习惯。辅导者甚至可以为低年级学生设计课程（Jacobson et al.，2001）。

3. 同伴辅导学习策略。

学生两人一组，轮流辅导和被辅导。教师培训学生使用以下阅读学习策略：与伙伴阅读段落、总结段落大意、预测接力（预测文章后续可能发生的事情）（L. S. Fuchs et al.，1999；D. Fuchs et al.，2000）。其他教育领域也有类似的程序以及正式的培训材料。

4. 同龄同伴辅导。

与全班同伴辅导类似，也可以有机会创建同一个年级或同一内容领域的辅导结构（Moliner & Alegre，2020）。在某些情况下，同龄的同伴在同一个教室内，而另一些情况下，他们跨班级合作。在同龄同伴辅导中，并不是所有的学生都同时参与辅导，这与全班同伴辅导情况类似。同样，教师要对辅导者进行关于角色的培训，并建立同龄同伴辅导的规则。

5. 互惠同伴辅导。

在这种同伴辅导形式中，学生随机配对，为同伴的学习提供支持。它本质上是一项由学术背景相似的学生共同完成的合作学习任务。每个合作小组都负责综合内容、准备任务和提问，提供答案和解释。通常情况下，学生在互惠同伴辅导期间开发练习测试，然后确定需要额外学习的领域（Alegre-Ansuategui et al.，2017）。

6. 回授。

回授最初是作为一种促进患者遵循医嘱的方法而被学者讨论的（Ha Dinh et al.，2016），回授已被用于巩固美国 PK-12 学生（指从幼儿园到 12 年级的教育）的学习，因为他们可以重构自己的学习并教给其他人（Fisher et al.，2021）。回授所学知识对他们的学习是有好处的，这也是一个确定哪些知识点比较难以及是否存在误解的好机会。这不仅限于课堂内的互动，学生也可以教给他们的兄弟姐妹、父母或其他家庭成员。他们可以向全班同学或直接向教师传授知识。请注意，回授不需要占用教学时间，因为它可以在课外进行。当然，教师也可以安排课堂时间，让学生互相传授知识。关键是确保不总是由同样的学生进行回授。每个人都需要有机会，因为这对学习和评估都有好处。以下是一些回授的例子。

（1）一名学习世界历史的学生介绍了工人运动的重大事件，并在游戏平台上设置了问答题。

（2）学习几何的高中生给幼儿园的孩子们上了一节关于形状的课。

（3）中学生在科学课上做了一次模拟考试。那些得分 70 或以下的学生与那些通过考试的学生配对，复习特定的内容。

（4）二年级的学生配对朗读。当水平高的学生朗读时，另一名学生跟读同一篇文章。在第二次朗读时，他们进行了诵读。在第三次朗读时，水平低的学生可以大声朗读。

运用所学

在计划和实施同伴辅导时，以下几点对你很有帮助（来源：Mastropieri and Scruggs，2007，p.183）。

（1）明确辅导计划的具体目标，必要时结合学术和社交目标。

（2）列出具体可衡量的目标。例如："在未来 12 周内，担任辅导者的学生将在课堂阅读材料上提高 30% 的流利度。""所有学生每周的拼写测试的平均分数将提高到

85，并确保没有学生分数低于 60。”

（3）谨慎选择辅导伙伴。对于如何选择辅导者，目前尚无定论。一些教师建议选择那些在课堂上认真听讲的学生担任辅导者，他们一般都会为自己的成绩而努力。其他考虑因素还包括辅导者对伙伴的兼容性。教师应寻找能够很好合作的配对，但也应鼓励尽可能将性别、种族或社会经济地位不同的学生配对，而不是完全支持既定的分组。

（4）制订辅导计划的规则和流程。规则应涵盖学生间的互动方式和不被接受的互动方式。流程中要规定辅导的时间和日期、所需材料和具体活动内容。

（5）实施同伴辅导计划，认真监督，确保规章制度得到严格执行，并根据实际情况进行调整。

（6）经常对计划进行评估，不要等到计划结束才确定计划是否有效。持续收集反馈，预测计划是否会取得预期效果。如果没有取得进展，及时进行调整。

使用上述要点，写下你计划同伴辅导时需要考虑的问题。

要考虑的问题	我的思考
1. 我的同伴辅导计划旨在实现什么目标？	
2. 哪一种同伴辅导模式更适合我？	
3. 我应该如何为辅导者提供培训和支持？	
4. 辅导者的辅导时段和频率是如何安排的？	
5. 辅导者在辅导中会用到哪些教材或工具？	

续表

要考虑的问题	我的思考
6. 我如何跟踪和评估计划的效果和影响?	

总结

本章中，我们主要讨论了同伴支架。同伴们可以通过情感支架来互相支持，通过这种方式，他们在管理一天中的各种情绪时，仍然能够专注于学习。此外，通过关于帮助的课程和高效的课堂氛围，学生们能够使用教师示范的提示和线索来助力他人的学习。最后，我们还可以通过各种同伴辅导的模式来固化同伴支架。这样不仅能够鼓励学生帮助他人，而且他们本身也能从中获益。正如一位法国作家所言："教别人就是自己学习了两次。"

自我评估

在进一步学习之前，请想一想本章的成功要素。你会注意到，这些要素已从"我们能够"的陈述表达转变为"我能吗"的疑问句。那么你对自己已经掌握了如何使用同伴支架有多大信心？请用涂色的方式做自我评估，涂满的方格越多表示越有信心。你需要写出做出判断的依据。

成功要素	自我评估	依据
我能掌握有效支架学习的六个特征，以及如何使用它们提供同伴支持吗?	□□□□□□□□□□	
我能定义情感支架，并将此类型的支持融入同伴互动中吗?	□□□□□□□□□□	
我能定义帮助课程，并确定在课堂中创造支持性氛围的行动吗?	□□□□□□□□□□	
我能分析不同的同伴辅导模式，并确定我可以实施的模式吗?	□□□□□□□□□□	

第十一章 淡出支架

学习目标	成功要素
我们将学习如何使支架淡出并增加学生的责任感和自主性	当我们达到以下要素时，我们就成功了。 1．能够描述自主性和习得性无助 2．能够应用等待时间策略来移除支架 3．能够比较和对照不同的实践类型 4．能够决定用“从少到多”和“从多到少”两种方法来处理和淡出支架

如何描述用于支持学生学习的淡出支架？以下的问题可以帮助你思考。

（1）“淡出”是什么意思？

（2）需要做哪些计划来淡出支架？

（3）如何判断是否过早地淡出了支架？

正如我们在本书的开头所提及的，支架是临时性的。当下面的结构准备好后，它们就应被拆除。在教育中，这种拆除过程称为“淡出”，可能发生在一次对话、一个活动、一个教学章节或整个学年或课程中（Martiner et al.，2019）。淡出是指减少完成任务或活动时所需的支架的种类或数量。当然，其目标是让学生能在多种情况下应用这些技能或概念，这就是所谓的泛化或迁移。

实际上，我们一直都在淡出支架。这与我们在本书中讨论的实践直接相关。

请花点时间，列出本书提到的实践类型。

在继续学习之前，圈出最有可能推动学生学习的实践类型。

当学生有意识地练习使用支架学习并进行反馈时，他们会养成习惯。这也就是所谓的自主性，即不自觉做事的能力。拉伯格和萨谬（LaBerge & Samuels，1974）指出，通过练习，某些认知行为会变得自主，从而不再需要为该行为提供支架和支持。正如陶菲克（Tawfik，2008）等人所说：“在学生知道必要的解决问题的过程之前，不应该淡出支架。”

但是，如果我们最终没有淡出支架，学生就可能会产生习得性无助或对成人的依赖。学生并非天生就有习得性无助。习得性无助是来自有善意的成人为学生提供答案，而不是让学生使用支架自行处理信息。当我们没有淡出支架时，也可能导致习得性无助或成人依赖。在学习过程中，有些学生认为他们需要教师的帮助才能完成任务，所以没有付出足够的努力。这个观点源于塞利格曼（Seligman，1972），他最初通过观察狗如何结伴，提出了这一理论来解释被动接受自己的无能为力。在这里，我们要指出的是，如果不完全淡出支架，学生会对所提供的帮助产生依赖，无法独立学习。

在学生知道必要的解决问题的过程之前，不应该淡出支架。

运用所学

请回顾我们在第一章分享的图 1.1。既然你已经了解了各种不同的支架和实践方式，请指出使这一模式发挥作用所需要的各种应急措施。

你对淡出支架有何看法？请详细描述，并结合你自己学校或课堂的实际情景来说明。

在学校和教室里，有几种方法来使用淡出支架。我们先了解等待时间在淡出支架中的作用，然后再探索“从少到多”和“从多到少”。

运用等待时间来淡出支架

等待时间是指你对学生提出一个开放式问题后做出停顿的时间，以及在他们做出回答后的再次停顿。这些停顿让学生有时间去思考和扩展他们的答案。等待时间是一项教学的基本原则，也是我们淡出支架的一种重要方式。这些时间延迟包括了教学与支架的特定时间间隔。通常情况下，我们开始时不进行延时，然后逐渐增加任务和提供支架之间的时间间隔。

想一想，当有人问你一个问题时，然后给你时间，需要你在回答之前思考一下，这是多么宝贵啊。这就是所谓的等待时间。一般而言，给学生 3 ~ 8 秒的等待时间能帮助他们整理自己的思绪。在教师特意安排等待时间的课堂上，回答“我不知道”的次数明显减少。

当我们讲话时，我们实际上是在占据学生的思维容量（即认知负荷），因为他们正在努力听课并理解我们说的内容。只有在我们停止讲话之后，他们才开始思考。在提出了一个开放式问题后稍作停顿，让学生有时间思考，提出开放式问题后的停顿称为“等待时间 1”。还有一个“等待时间 2”，即学生回答问题后的另一次停顿。学生在回答问题后，如果有几秒钟的安静时间，通常会对他们的答案进行补充。他们可能会使用更多的词语，造更长的句子，并提出更多的想法。这不仅有利于语言的发展，而且对于产生新的想法和解释也很有帮助。

请在下面的空白处，总结“等待时间 1”和“等待时间 2”是如何帮助淡出支架的。

在你自己的课堂上安排等待时间需要刻意练习。坦白说，你可能需要为安排等待时间搭建支架。没错！给出合适的等待时间说起来容易但做起来难。在思考这种

淡出教学支架的方法时，你可能需要想到这种方法很好（心理模式），为自己设定下一个目标（目标设定），并有意识地练习以下技巧。当等待时长变得有价值时，考虑使用这些教育工作者的建议（Wasik & Hindman，2018）。

1. 模拟等待和思考的过程。

当学生提出一个需要你思考的问题时，请说明你正在思考。“我正在思考你刚才问我的问题。如果给我几秒钟思考，我可以给出更好的答案。”

2. 教学生积极地聆听。

积极的聆听者会将注意力集中在说话者身上，并静静地等待他们讲完。通过对话向学生展示这样做的价值，并鼓励他们这样做。

3. 进行默默地计数。

观察你与学生交谈时自然产生的停顿。你可能会惊奇地发现它仅仅为一秒。默数到 3 或 4 会帮助你在提出重要问题或聆听学生回答时记得暂停一下。

4. 鼓励学生补充更多的词语和想法。

有时学生只用一个词就回答了你的问题，但是你可能期望得到更多回复。告诉他们“再多说一些你的想法”可能会鼓励他们多一点思考。

制订一个计划，你打算在你的课堂中怎样安排等待时间？

到现在为止，我们主要讨论了把等待时间当作一种教学支架的教学工具，但等待时间也可以用于减少为学生提供的提示和线索的数量。当我们等待时，当学校的氛围支持学生犯错和分享初步答案时，学生可能会进行更多的内部处理，并分享他们的想法。

在伊莎贝拉·伊巴拉（Isabella Ybarra）的课堂上，学生们正在写一段记叙文。他们的成功标准包括主题句、论据、完整句子、有力动词和结论句。伊巴拉老师给学生提供了一篇范文作为参考。她让学生用高亮标出他们认为的主题句。大部分学生都做到了，她还提示那四个没找到的学生找到主题句，他们随后也做到了。接下来他们把重点放在论据上，并请学生在每个论据旁标上数字。难以确定主题句的四名学生只标了一个论据。

伊巴拉老师问："还有其他细节的句子吗？"她指向投影在墙上的样本上的第二个论据。

学生们都仔细检查了他们的作业。老师再次指出范文中的一个论据，学生们又检查了他们的作业。

然后她说："我想我们找到了 3 个。但可能还有更多。我们重新读一遍，看看是否还有其他的论据。"学生们这么做了，有些人找到了第四个论据。

丹尼尔（Daniel）对他的同桌说："我以为只有 3 个。"伊丽莎（Eliza）回应说："我也是这么想的。但这篇文章有四句，我觉得这是一个不错的段落，所以我们可能可以写得更多。"

"是的，"阿马尔（Amal）补充说，"我想这可能是正确的。我可以写 4 ~ 5 个。"

此时，伊巴拉老师找到那些在寻找确认主题句和论据上有困难的学生，检查他们的作业并提供了提示和线索。然后，她决定使用同伴支架，让学生找出他们认为很有力的动词。做完这个后，她让学生与同桌分享并讨论他们认为哪些动词是有力的，以及原因。

随后，伊巴拉老师决定淡出支架。她请全班学生找出结论句，说："当你标记了结论句，请检查所有的句子是否都是完整的，以大写字母开头并以适当的标点结束。"学生们一边做，她一边在教室里走动观察。她注意到大多数学生已经确定了结论句，并正在重读以关注完整的句子。她走到米亚（Mia）的课桌前停了下来，问道："你找出结论句了吗？"米亚表示还没有。伊巴拉老师回头看了看那张纸，然后微笑地看着米亚，没有说任何话。

米亚指着倒数第二句说："我认为是这句。"

伊巴拉老师继续保持微笑。米亚再次看了看那张纸并说："可能这是一个结论句，因为这一句（指向最后一句）和第一句很像，又告诉我们这个主题。"伊巴拉老师再次微笑，没有回应。米亚再次看了看那张纸。"是的，我认为这是结论句。我要标记它。然后我可以看其他句子了。"

> 现在你已经阅读了伊巴拉老师的例子，请你回过头圈出、画线或高亮她在哪里使用了等待时间以及在哪里减少使用提示和线索的次数。

从少到多和从多到少

有两种淡出支架学习的方法：从少到多和从多到最少。关键问题是，根据学生所学的内容，我们是否应该从强度最小的支架开始，并根据需要逐渐增加支架？还是我们应该从强度最大的支架开始，当学生取得成功时减少支架？这主要取决于要学习的内容或技巧，以及学生在课堂上遇到具有挑战性任务时的实际情况。换言之，这个决定取决于学习者的心理模型和具体目标。

我们经常会增加学生成功完成任务所需的支架数量。也就是说，在使用支架时，我们往往采取从少到多的方法。实际上，这是我们在第八章中提到的问题、提示和线索模式。例如，一名学生在解决数学问题时遇到了困难，我们首先会提出一些问题，看是否能够启发学生的思考。如果这些问题不奏效，我们会给出提示。接着可能会给出线索，甚至是直接的解释。这是从少到多的一个例子，可以让支架自然地淡出。随着学生表现出更高的独立性，他们就不再需要那么多支架。

互助学习

与同伴合作，花点时间回忆一下你在学校或教室中的情况，你有没有增加支架的数量，描述当时的情景。重点关注支架的具体内容和使用这些支架的原因。利用以下表格记录你的思考过程。

在哪里使用支架？	为什么你决定增加支架的数量？哪些依据让你决定选择从少到多？

重要的是，当我们使用从少到多的方法来搭建支架时，我们需要在学生取得成功时有意识地减少支架。我们还需要确定怎样才能激励学生，使他们进行更多的思考。仅仅依靠成绩并不是一个很好的激励方式，我们也不是说要用糖果或其他东西来诱惑学生，而是要思考如何培养学生的内在动力。这在很大程度上与设定目标有关。在第四章中，我们讨论了建立专业知识的心理模型的重要性，这有助于培养学生的内在动力，并减少所需的支架。里夫和蒋（Reeve & Jang，2006）提出了培养学生自主性的几种方法。

（1）倾听学生的心声。

（2）留出时间让学生独立完成作业。

（3）给学生创造交谈的机会。

（4）表扬学生的进步和掌握程度。

（5）鼓励努力的学生。

（6）在学生遇到困难时给予提示，帮助他们取得进步。

（7）回应学生的意见和问题。

（8）认可学生的经验和观点。

运用所学

内在动机量表是一个用于评估学生体验任务的方式的工具。虽然此工具主要是为学生设计的，但我们还是建议你想一下最近完成的一项任务，完成该量表并为自己打分。如果你想对学生使用该工具，那么熟悉它的评估方法非常有帮助。

编号	内在动机	1	2	3	4	5	6	7
		完全不符合 ——→			比较符合 ——→			非常符合
1	在完成这项任务的过程中，我一直在想我非常喜欢这项任务							
2	在做这项任务时，我一点也不紧张							
3	我觉得做这项任务是我的选择							
4	我认为我很擅长这项任务							
5	我发现这项任务非常有趣							
6	我在完成任务时感到紧张							
7	我认为与其他学生相比，我在完成这项任务中表现不错							
8	完成这项任务很有趣							
9	做这项任务时，我感到很放松							
10	我非常喜欢做这项任务							
11	对于完成这项任务，我别无选择							
12	我对自己完成这项任务的表现很满意							
13	做这项任务时，我感到焦虑							
14	我认为这项任务非常无聊							
15	当我在做这项任务时，我觉得我正在做我想做的事情							
16	我觉得这项任务我做得很熟练							
17	我觉得这项任务非常有趣							
18	做这项任务时，我感到压力							
19	我觉得我不得不做这项任务							
20	我会用非常愉快来描述这项任务							
21	我做这项任务是因为我别无选择							
22	在完成这项任务的一段时间后，我觉得自己相当能干							

来源：Center for Self-Determination Theory（n.d.）；Ryan and Deci（2000）。

评分细则。首先，对编号 2、9、11、14、19 和 21 的项目进行反向评分。也就是用 8 分别减去你这几项的分数，然后用该结果作为这几项的得分。再将 22 个小项分类成 4 个子度量项，这样，较高的总分值将表示该子度量项所描述的情况更为显著。因此，子度量项"压力 / 紧张"得分越高意味着这个人感受到的压力和紧张越大；"感知能力"得分越高意味着这个人的能力越强；以此类推。4 个子度量项如下。项目编号后的（R）是一个提示，表示该项目的得分是与参与者对该问题的实际回答相反。

兴趣 / 享受：1、5、8、10、14（R）、17、20

感知能力：4、7、12、16、22

感知选择：3、11（R）、15、19（R）、21（R）

压迫 / 紧张：2（R）、6、9（R）、13、18

完成这项评估后，在思考关于内在动机和淡出支架的方法时，你会如何将其应用于学生？

计划从多到少淡出支架

正如我们前面提到的，淡出支架有两种方法：从少到多和从多到少。我们认识到，教师们更常见的做法是增加对学生的支持。尽管如此，我们注意到教师可以预先计划好支架学习方案，并有意识地淡出它们。在这种情况下，我们可以先提供最多的支架，随着学生进步再逐步减少。也就是说，我们可以从直接讲解和示范开始，让学生体验到成功并建立内在动机。然后，随着学生不断取得成功，我们开始逐步减少支架。这种做法需要教师有非常周密的计划和细致的观察。这种方法的风险在于，支架学习可能会一直保持在最多的状态，而不会减少。为了有意识地淡出支架，需要确定改变支架学习的标准，这可以是学生取得成功所需的时间，或是你观察到学生行为自主性的发展。

例如，在学生学习跳数的时候，他们的老师泰勒·刘易斯（Tyler Lewis）提供了一张预先打印好的页面，上面写着 1 ~ 25 的数字，并用虚线标出他们要说的目标数字。比如，2、4、6 等数字在一页纸上是用点线表示的。学生们很容易就完成了任务，然后刘易斯老师又安排了下一个任务：一张缺少数字的页面。当学生们成功地完成了任务后，刘易斯老师在黑板上贴了一张百位数表，并用便签贴上了特定的数字。学生们密切协作完成了这一活动，他们填入了缺失的数字，伙伴们可以通过揭开便笺纸来核对答案。刘易斯老师继续减少支架，提供的帮助越来越少，直到学生能够独立完成跳数 2 的练习。之后他用数字 5 重复了这个过程，以此类推。

互助学习

与同伴合作，花点时间回忆一下你在学校或教室中的情况，你有没有减少支架的数量。描述当时的情景，重点关注支架的具体内容和使用这些支架的原因。利用以下表格记录你的思考过程。

在哪里使用支架？	为什么你决定减少支架的数量？哪些依据让你决定选择从多到少？

总结

思考一下你在本章所完成的关于支架“从少到多”和“从多到少”两张表格，看看你对这两个任务的回答，你很可能会观察到这两种方法之间存在关联。淡出支架需要我们把模型的所有要素加以整合。心理模型则明确了淡出的最终目标，设定目标有助于我们明确是从少到多还是从多到少。任务本身的性质，加上前端、分布、后端和同伴支架，指导我们具体决定淡出什么。反馈信息能让我们确定淡出的时机。

淡出的过程将我们带回到这本书的开头。20 世纪 30 年代，RCA 大厦的建设令人印象深刻，需要从底层一直搭建脚手架搭第 66 层。这栋 259 米高的大楼，虽然不是纽约曼哈顿最高的建筑，但考虑到其年代和建造地点，它无疑仍是一个令人印象深刻的建筑。脚手架让这一壮举从设计蓝图变成了历史性建筑。

尽管我们不是在教室里建造摩天大楼，但我们可以撰写记叙文、分析一手和二手资料、平衡氧化还原反应、将两个分母不同的分数相加、调和水彩或投掷手球。这些复杂的任务都需要支架。

但是，如果你看到如今的 RCA 大厦，你会发现周围已经没有脚手架了。当施工结束、实现心理模型（即设计蓝图）之后，工人们拆除了脚手架，让所有人都能看到成品。脚手架是建设过程的一部分，而非最终产物。我们课堂上的复杂任务也是如此。需要移除——或者说淡出——支架，以培养学生的独立性。关于如何实现这一点，研究相对有限。事实上，图书馆里关于支架学习淡出的研究非常少。我们所了解的是，如果想要让学生能够将所学知识迁移到他们正在学习的环境之外，就必须这样做。等待时间是淡出支架学习的一种方式。

此外，我们还可以根据我们所采取的方法，有意识地制订淡出计划，从强度最大的支架或最小的支架开始。与我们这本书中用作比喻的建筑不同，教育支架可能更加灵活，当学生完成分配给他们的任务时，支架已在不同的小节、课和单元之间出现和消失。

自我评估

在继续学习之前，请想一想本章的成功要素。你会注意到，这些要素已从“我们能够”的陈述表达转变为“我能吗”的疑问句。那么你对自己已经掌握了淡出支架有多大信心？请用涂色的方式做自我评估，涂满的方格越多表示越有信心。你需要写出做出判断的依据。

成功要素	自我评估	依据
我能够描述自主性和习得性无助吗？	□□□□□□□□□□	
我能应用等待策略来移除支架吗？	□□□□□□□□□□	
我能对不同的实践方法进行比较和区分吗？	□□□□□□□□□□	
我能决定用“从少到多”还是“从多到少”去处理支架淡出吗？	□□□□□□□□□□	

结语
支架学习是如何发挥作用的

为了确保所有学习者都能公平地接触到尽可能高水平的学习机会，我们必须认识到每位学生的学习历程都不同。然而，这种差异不应该、也不可能体现在思维的复杂性、学习经历的严谨性或成果预期上。这种差异应该是、必须是、也可以是教学支架上的差异，它提供了必要的支持系统和结构，以确保学习者都有公平的学习机会。回想一下这本书中的话：我们非常清楚教学支架的特点。这一支撑框架是临时的，可移动的，它允许个人在手头的任何任务上不断前进。我们来回顾一下教学支架的三大核心理念：

（1）支架应当仅在没有这种支撑系统或结构就无法完成当前任务的情况下使用。

（2）支架没有固定模式，需要根据个人的具体需求进行调整（即可移动的），没有放之四海皆准的支架。

（3）支架一直使用到不再需要支撑系统或结构为止，支架是临时的而非永久的。

当被问到支架学习是如何发挥作用时，你的答案应当取决于任务本身，以及学生需要支架完成任务所需的时间长短。这种关系的重要性不可低估。实际上，我们不妨用一个数学关系来说明这一点。请观察下面的关系，并填补其中缺失的变量。我们提供了一个词库以助于你填写。

词库（词汇可能不止使用一次）： 需求　习得性无助　依赖　挫折脱离　学习　参与

如果＿＿＿＿＿＿>＿＿＿＿＿＿，那么结果 =＿＿＿＿＿＿＿＿＿＿＿＿
和＿＿＿＿＿＿＿＿＿＿＿＿＿＿＿＿＿＿＿＿＿＿。

如果＿＿＿＿＿＿<＿＿＿＿＿＿，那么结果 =＿＿＿＿＿＿＿＿＿＿＿＿
和＿＿＿＿＿＿＿＿＿＿＿＿＿＿＿＿＿＿＿＿＿＿。

如果＿＿＿＿＿＿=＿＿＿＿＿＿，那么结果 =＿＿＿＿＿＿＿＿＿＿＿＿
和＿＿＿＿＿＿＿＿＿＿＿＿＿＿＿＿＿＿＿＿＿＿。

习得性无助和依赖来自超出学习者需求的支架。支架太少则会导致挫败感和脱离感。适当的平衡会让学生想学习和参与。

请浏览“可视化学习元”网站，寻找支架学习的效应值并记录在下方。

- 支架的效应值：＿＿＿＿＿＿

接着找出师生依赖、习得性无助和挫败感的效应值，并记录在下方。

- 师生依赖效应值：＿＿＿＿＿＿
- 习得性无助效应值：＿＿＿＿＿＿
- 挫败感效应值：＿＿＿＿＿＿

最后，找出“恰当挑战水平”的效应值，并记录在下方。

- 恰当挑战水平的效应量：＿＿＿＿＿＿

数据中蕴含着道理。支架学习能帮助我们设计并实施对学生而言具有适当挑战性的学习体验。

在前面的 11 章中，我们一直尝试在实践中理解这一点。无论教的学科是化学、体育或物理，还是教的年级是二年级或高三，如果我们要从研究走向现实，将支架从效应值转变为支持学习者的有效方法是绝对有必要的。支架学习的模式使我们能够实现这一目标。作为我们的最后一项任务，请在下方模型中填写支架学习所需的应急措施。

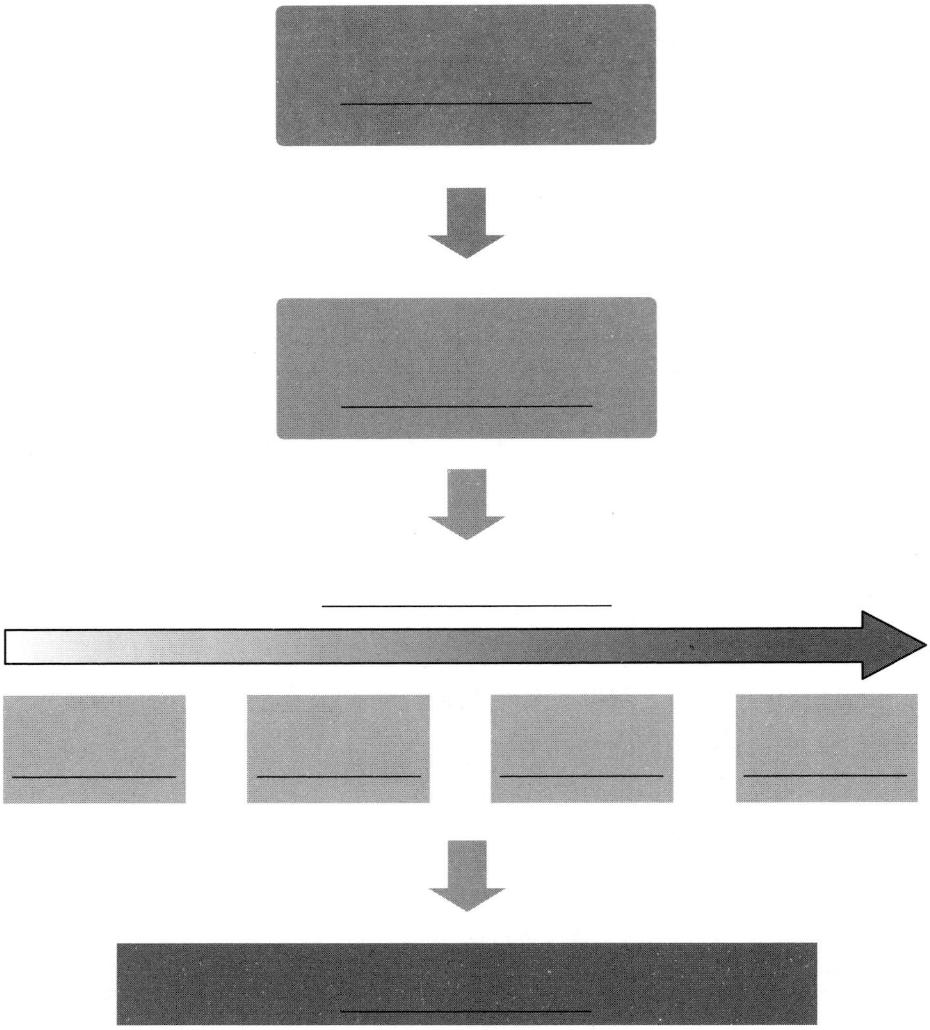

虽然要重新翻开本书才能找到这种模式的相关概念，但这也是一个良好的开端。为了帮助你在构建支架学习的过程中更有方向性，我们提供了一个模板，此模板将有助于你和你的学科团队、年级规划团队或指导教师进行深入交流。在这一过程中，你的责任伙伴或团队起到至关重要的作用。

支架学习计划

学习任务：______________________________

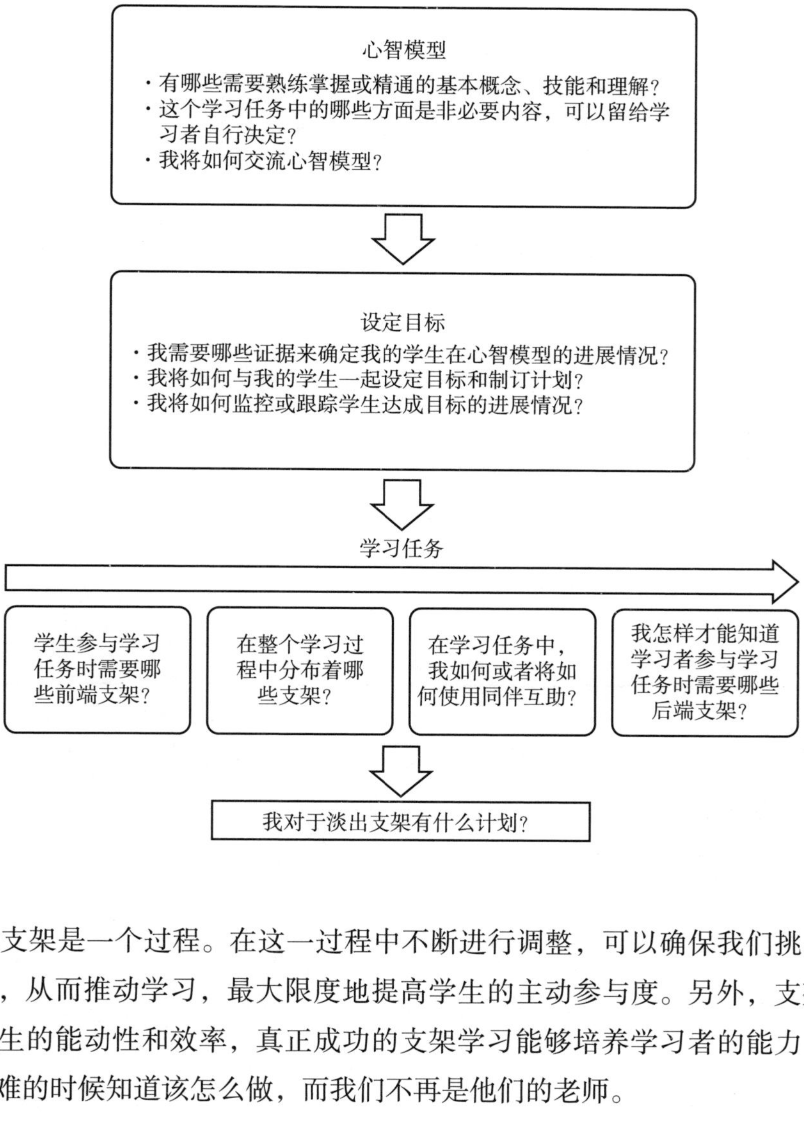

搭建支架是一个过程。在这一过程中不断进行调整，可以确保我们挑战的难度恰到好处，从而推动学习，最大限度地提高学生的主动参与度。另外，支架学习还能增强学生的能动性和效率，真正成功的支架学习能够培养学习者的能力，使他们在遇到困难的时候知道该怎么做，而我们不再是他们的老师。

在本书结束之际，我们期待听到你的一些反馈意见。请在下面的空白处分享你的想法，回答我们前面一直探索的问题：支架学习是怎样发挥作用的？

当然，答案可能需要一些你自己的支架。但是，为我们自己、为我们的学校和课堂搭建学习支架是值得的！

现在，让我们开始吧！

参考文献

Acar, I. H., Hong, S., & Wu, C. (2017). Examining the role of teacher presence and scaffolding in preschoolers' peer interactions. *European Early Childhood Education Research Journal*, 25(6), 866–884.

Alegre-Ansuategui, F. J., Moliner, L., Lorenzo, G., & Maroto, A.(2017). Peer tutoring and academic achievement in mathematics: A meta-analysis. *Eurasia Journal of Mathematics,Science and Technology Education*, 14, 337–354.

Alfassi, M. (2004). Reading to learn: The effects of combined strategies instruction on high school students. *Journal of Educational Research*, 97(4), 171–184.

Almarode, J., Fisher, D., & Frey, N. (2023). *How feedback works: A playbook*. Corwin.

Almarode, J., Fisher, D., Thunder, K., & Frey, N. (2021). The success criteria playbook: *A hands-on guide to making learning visible*. Corwin.

Anderson, N. J. (2002). The role of metacognition in second language teaching and learning. ERIC Clearinghouse on Language and Linguistics. https://www.cal.org/ publications/the-role-of-metacognition-in-second-language-teaching-and-learning/.

August, D., Branum-Martin, L., Cardenas-Hagan, E., & Francis, D. J. (2009). The impact of an instructional intervention on the science and language learning of middle grade English language learners. *Journal of Research on Educational Effectiveness*, 2, 345–376.

Ausubel, D. P. (1968). *Educational psychology: A cognitive view*. Holt, Rinehart, & Winston.

Block, M. E. (1995). Use peer tutors and task sheets. *Strategies*, 9(4), 9–12.

Browne, A. (2001). *Voices in the park*. DK Publishing.

Buehl, D. (2017). Text prep. *Educational Leadership*, 74(5), 60–65.

CAST. (2018). *Universal design for learning guidelines version* 2.2. http:// udlguidelines.cast.org.

Cazden, C. B. (2001). *Classroom discourse: The language of teaching and learning* (2nd ed.). Heinemann.

Center for Self-Determination Theory. (n.d.). *Intrinsic motivation inventory* (IMI). https://selfdeterminationtheory.org/intrinsic-motivation-inventory/.

Chou, C. Y., & Chang, C. H. (2021). Developing adaptive help-seeking regulation mechanisms for different help-seeking tendencies. *Educational Technology & Society*, 24(4), 54–66.

Contrera, J. (2019). One of the most iconic photos of American workers is not what it seems. *The Washington Post*. https:// www.washingtonpost.com/history/2019/09/01/ one-mosticonic-photos-american-workers-is-not-what-it-seems.

Covey, S. (1995). *First things first*. Simon and Schuster.

Cuba, M. J. (2020). Frontloading academic vocabulary for English learners with disabilities in an integrated classroom setting. *Intervention in School & Clinic*, 55(4), 230–237.

Devos, N. J.(2015). *Peer interactions in new content and language-integrated settings*. Springer International Publishing.

Dixon, J. (2018). *Providing scaffolding just in case*. http://www.dnamath.com/blog-post/five-ways-we-undermine-efforts-to-increase-student-achievement-and-what-to-do-about-it-part-3-of-5/.

Dutro, S., & Moran, C. (2003). Rethinking English language instruction: An architectural approach. In G. Garcia (Ed.), *English learners: Reaching the highest level of English literacy* (pp.227–258). International Reading Association.

EL Education.(n.d.). *Helping all learners: Scaffolding*. https://eleducation.org/ resources/helping-all-learners-scaffolding.

Englert, C. S., & Mariage, T. V.(1991). Making students partners in the comprehension process: Organizing the reading POSSE. *Learning Disability Quarterly*, 14, 123–138.

Ericsson, A., & Pool, R. (2016). *Peak: Secrets from the new science of expertise*. Houghton Mifflin Harcourt.

Expeditionary Learning. (2013). *Meeting students' needs through scaffolding*. Author.

Fisher, D., & Frey, N. (2013). *Better learning through structured teaching: A framework for the gradual release of responsibility* (2nd ed.). ASCD.

Fisher, D., & Frey, N. (2017). *Teaching study skills*. The Reading Teacher, 71, 373–378.

Fisher, D., & Frey, N. (2018). The uses and misuses of graphic organizers in content area learning. *The Reading Teacher*, 71(6), 763–766.

Fisher, D., Frey, N., Almarode, J., Flories, K., & Nagel, D.(2020). PLC+: *Better decisions and greater impact by design*. Corwin.

Fisher, D., Frey, N., Smith, D., & Hattie, J.(2021). Rebound: *A playbook for rebuilding agency, accelerating learning recovery, and rethinking schools*. Corwin.

Frey, N., & Fisher, D. (2010). Identifying instructional moves during guided learning. *The Reading Teacher*, 64, 84–95.

Frey, N., Hattie, J., & Fisher, D. (2018). *Developing assessmentcapable visible learners, grades K-12: Maximizing skill, will, and thrill*. Corwin.

Fuchs, D., Fuchs, L., & Burish, P.(2000). Peer-assisted learning strategies: An evidence-based practice to promote reading achievement. *Learning Disabilities Research and Practice*, 15(2), 85–91.

Fuchs, L. S., Fuchs, D., & Kazdan, S.(1999). Effects of peerassisted learning strategies on high school students with serious reading problems. *Remedial and Special Education*, 20(5), 309–318.

Ha Dinh, T. T., Bonner, A., Clark, R., Ramsbotham, J., & Hines, S.(2016). The effectiveness of the teach-back method on adherence and self-management in health education for people with chronic disease: A systematic review. *JBI Database of Systematic Reviews and Implementation*, 14(1), 210–247.

Hastie, P. A., Rudisill, M. E., & Wadsworth, D. D.(2013). Providing students with voice and choice: Lessons from intervention research on autonomy-supportive climates in physical education. *Sport, Education & Society*, 18(1), 38–56.

Hattie, J. (2009). *Visible learning: A synthesis of over 800 meta-analyses relating to achievement*. Routledge.

Hattie, J., & Clark, S. (2019). *Visible learning feedback*. Routledge.

Hoover, J. J., & Patton, P. R. (1995). *Teaching students with learning problems to use study skills: A teacher's guide*. Pro-Ed.

Iris Center. (n.d.). *What is instructional scaffolding?* https://iris.peabody. vanderbilt.edu/module/sca/cresource/q1/p01/.

Jacobson, J., Thrope, L., Fisher, D., Lapp, D., Frey, N., & Flood, J. (2001). Cross-age tutoring: A literacy improvement approach for struggling adolescent readers. *Journal of Adolescent and Adult Literacy*, 44, 528–536.

Kapur, M. (2016). Examining productive failure, productive success, unproductive failure, and unproductive success in learning. *Educational Psychologist*, 51(2), 289–299.

Kapur,M.(2019,September 28).*Productive failure. TEDx Lugano*. https://www.manukapur.com/prof-manu-kapur-at-tedx-lugano-sep-28-2019/.

Khaliliaqdam, S. (2014). ZPD, scaffolding, and basic speech development in EFL context. *Procedia: Social and Behavioral Sciences*, 98, 891–897.

LaBerge, D., & Samuels, S. J. (1974). Toward a theory of automatic information processing in reading. *Cognitive Psychology*, 6(2), 293–323.

Lesaux, N. K., Kieffer, M. J., Kelley, J. G., & Harris, J. R. (2014). Effects of academic vocabulary instruction for linguistically diverse adolescents: Evidence from a randomized field trial. *American Educational Research Journal*, 51, 1159–1194.

Lowry, L. (1993). *The giver*. Houghton Mifflin.

Maheady, L., Harper, G. F., & Mallette, B.(2001).Peer-mediated instruction and interventions and students with mild disabilities. *Remedial and Special Education*, 22, 4–15.

Malik, S. A. (2017). Revisiting and re-representing scaffolding: The two-gradient model. *Cogent Education*, 4(1), 1331533. https://doi.org/10.1080/2331186X.2017. 1331533.

Martin, N. D., Dornfeld Tissenbaum, C., Gnesdilow, D., & Puntambekar, S. (2019). Fading distributed scaffolds: The importance of complementarity between teacher and material scaffolds. *Instructional Science*, 47, 69–98.

Mastropieri, M. A., & Scruggs, T. E. (2007). *The inclusive classroom: Strategies for effective instruction* (3rd ed.). Merrill/Prentice Hall.

Menninga, A., van Geert, P., van Vondel, S., Steenbeek, H., & van Dijk, M. (2022). Teacher-student interaction patterns change during an early science teaching intervention. *Research in Science Education*, 52, 1497–1523.

Meyer, D. K., & Turner, J. C. (2007). Scaffolding emotions in classrooms. In P. A. Schutz & R. Pekrun (Eds.), *Emotion in education* (pp.243–258). Elsevier Academic Press.

Miner, H. (1956). Body ritual among the Nacirema. *American Anthropologist*, 58(3), 503–507.

Moll,L.(1990).Introduction. In L. C. Moll (Ed.), *Vygotsky and education: Instructional implications and applications of sociohistorical psychology*(pp.1–27). Cambridge University Press.

Moliner, L., & Alegre, F. (2020). Effects of peer tutoring on middle school students' mathematics self-concepts. PLoS One, 15(4), e0231410. https://doi.org/10.1371/ journal.pone.0231410.

Nardacchione, G., & Peconio, G. (2022). Peer tutoring and scaffolding principle for inclusive teaching. *Elementa*, 1(1–2), 181–200.

Nottingham, J. A. (2017). *The learning challenge: How to guide your students through the learning pit to achieve deeper understanding*. SAGE.

Nuthall, G. (2007). *The hidden lives of learners*. NZCER Press.

Palincsar, A. S., & Brown, A. L. (1986). Interactive teaching to promote independent learning from text. *The Reading Teacher*, 39(8), 771–777.

Park, M., Tiwari, A., & Neumann, J. W.(2020).Emotional scaffolding in early childhood education. *Educational Studies*, 46(5), 570–589.

Puntambekar, S.(2022).Distributed scaffolding: Scaffolding students in classroom environments. *Educational Psychology Review*, 34, 451–472.

Puntambekar, S., & Kolodner, J. L.(2005).Toward implementing distributed scaffolding: Helping students learn science from design. *Journal of Research in Science Teaching*, 42(2), 185–217.

Reeve, J., & Jang, H. (2006). What teachers say and do to support students' autonomy during a learning activity. *Journal of Educational Psychology*, 98(1), 209–218.

Rosiek, J. (2003). Emotional scaffolding: An exploration of the teacher knowledge at the intersection of student emotion and the subject matter. *Journal of Teacher Education*, 54(5), 399–412.

Ryan, P. M. (2002). *Esperanza rising*. Scholastic.

Ryan, R., & Deci, E. (2000). Self-determination theory and the facilitation of intrinsic motivation, social development, and well-being. *American Psychologist*, 55(1), 68–78.

Saeed, A. (2018). *Amal unbound*. Penguin Random House.

Sapon-Shevin, M. (1998). *Because we can change the world: A practical guide to building cooperative, inclusive classroom communities*. Allyn & Bacon.

Searle, D. (1984). Scaffolding: Who's building whose building? *Language Arts*, 61(5), 480–483.

Seligman, M. E. (1972). Learned helplessness. *Annual Review of Medicine*, 23(1), 407–412.

Sweller, J. (1988). Cognitive load during problem solving: Effects on learning. *Cognitive Science*, 12(2), 257–285.

Tajeddin, Z., & Kamali, J. (2020). Typology of scaffolding in teacher discourse: Large data-based evidence from second language classrooms. *International Journal of Applied Linguistics*, 30(2), 329–343.

Tawfik, A., Law, V., Ge, X., Xing, W., & Kim, K. (2018). The effect of sustained vs. faded scaffolding on students' argumentation in ill-structured problem solving. *Computers in Human Behavior*, 87, 436–449.

Teacher in Exile. (n.d.). *RULER: Classroom activities for social-emotional learning*. https://teacherinexile.com/8-activities-to-scaffold-emotional-regulation-in-the-classroom.

Thompson, I.(2009). Scaffolding in the writing center: A microanalysis of an experienced tutor's verbal and nonverbal tutoring strategies. *Written Communication*, 26(4), 417–453.

Time, Inc. (2016). 100 photographs: *The most influential images of all time*. Time Incorporated Books.

Tjeerdsma, B. L. (1995). How to motivate students … without standing on your head! *Journal of Physical Education, Recreation, and Dance*, 66(5), 36–39.

van de Pol, J., Volman, M., & Beishuizen, J. (2010). Scaffolding in teacher-student interaction: A decade of research. *Educational Psychology Review*, 22(3), 271–296.

Van Lier, L. (2004). *The ecology and semiotics of language learning*. Kluwer Academic Press.

Vrabie, D.(2021). *The three forms of feedback: Appreciation, coaching, and evaluation*. CTO Craft. https://ctocraft.com/blog/the-three-forms-of-feedback-appreciation-coaching-and-evaluation/.

Wasik, B., & Hindman, A. (2018). Why wait? The importance of wait time in developing young students'language and vocabulary skills. *The Reading Teacher*, 72(3), 369–378.

Wood, D. (1998). How children think and learn: The social contexts of cognitive development (2nd ed.). Blackwell.

Wood, D., Bruner, J. S., & Ross, G. (1976). The role of tutoring in problem solving. *Journal of Child Psychology and Psychiatry*, 17(2), 89–100.

Woodson, J.(2016). *Brown girl dreaming*. Puffin Books.

Yale University. (2022). RULER approach. *Yale Center for Emotional Intelligence*. https:// www.rulerapproach.org/.

译后记

本书隶属于南希·弗雷与道格拉斯·费希尔的“实效操作指南”（HOW WORKS）系列，是他们教育智慧的又一力作。作为近年来教育界备受欢迎的作家，他们保持着高产的姿态。过去5年中，他们每年都精心策划并推出多部著作，持续在教育图书领域绽放光彩。

南希·弗雷与道格拉斯·费希尔曾经提出了“扶放有度教学”（Gradual Release of Responsibility，GRR）这一杰出的教育模式，该模式深刻洞察了教育的艺术，巧妙地阐释了教师如何细腻地搭建学习桥梁，先悉心扶持，随后适当放手，确保学生在既获支持又享自由的学习旅程中稳步前行。

现在，作者又提出了“支架学习”模式，实际上就是“扶放有度学习”。作者从学习者的角度来分析支架学习是什么，为什么要提供支架学习，支架学习的心理基础，支架的类别，支架的搭建和撤除，其目的是支持和培养学生的学习主体责任。具体来说，本书揭示了实施支架式教学的关键步骤与方法。通过一系列互动模块，使教育工作者通晓如何以全新的方式构建教学支持体系，包括：

（1）通过有计划、有目的的支架式教学逐步将学习责任转移给学生，从扶到放。

（2）设计涵盖情感、元认知与认知维度的学习活动与课程。

（3）在学习前、学习中和学习后收集相关数据，以便精准地设置、调整和撤除教学支架。

（4）综合运用前端支架、分布支架、后端支架、同伴支架以及淡出支架等多种策略。

（5）结合示范、建模、引导、解释、提问与选择等多种教学方式。

（6）促进有目标地练习——帮助学习者明确学习目标及其达成路径。

本书英文版的书名，直接翻译就是《如何发挥支架作用：支持学生并逐步移交责任的实践指南》。如何发挥支架作用？根本的原则就是“扶放有度”，具体的程序是先扶后放、有扶有放、扶后要放，通过这样三个阶段实现学生独立学习，培养学生自主学习品质。这就是我们为什么将书名翻译为《扶放有度学习》的缘由。作者在“扶放有度教学”的基础上，又总结了“扶放有度学习”，以学论教，以教促学；学教统一，教学相长。这是看待教与学关系的现代认识，希望读者从本书中获得新的教学力量。